U0035178

1本就通 國高中英文

《一句話秒懂，簡單英文法》修訂版

全MP3一次下載

9789864542208.zip

iOS系統請升級至iOS 13後再行下載
此為大型檔案，建議使用WIFI連線下載，以免占用流量，
並確認連線狀況，以利下載順暢。

前言

常聽到有人說：**「明明這麼努力學英文，卻連簡單地對話都辦不到。」**有些人甚至只要一聽到文法、一看到文法用詞，就會打從心底感到排斥。究竟為什麼那麼多人這樣害怕英語文法呢？

或許是因為我們在學習英文時**並未將文法視為一種實用的知識**，而是當成考試項目來學習的緣故。各位在國中及高中時期學過的英語文法中，部分的文法項目在實際溝通中幾乎沒什麼機會派上用場，例如，在以英文對話或是撰寫電子郵件時，根本不需要用到像「未來完成進行式」這一類的文法知識。然而大部分的文法書，在編排時卻都將真正必要的文法與幾乎不會用到的文法項目混在一起，才會使得一般學習者難以從中分辨哪些才是真正重要的文法。

我想有很多人之所以想重新學英文，不外乎是希望能夠以英文作為溝通交流的工具，例如在出國旅行時可以和當地人有更多機會對話，或是能向來自國外的人以英文介紹自己的國家等。若是如此，那麼你真正需要的是**能幫助你理解對方所說的話，並能順利與對方溝通所須具備的「最低限度的英文知識」**。

本書是從國中及高中六年學過的文法中，彙整出在以英文為主的溝通情境下，所需具備的文法知識，並以簡單易懂的方式呈現。為了將各位的負擔降至最低，本書只針對這些真正派得上用場的英語文法進行解說。各位不妨先試著將全書大致讀過一遍。如此做過之後，我想各位應該就會瞭解到，實際上會用到的英語文法並不如想像中的多。最後要向各位提一下書中的朗讀練習。書中的英文例句皆收錄於本書的線上 QR 碼音檔中，各位可模仿其中的英文發音，反覆地做朗讀練習。

請各位運用在本書所學到的文法規則，
盡情地說英文、寫英文。

安河內哲也

CONTENTS

Part 1 基本的句型結構
（P17～142）

Part 2（P143～200）詳細說明句子的結構

Part 3 更豐富的句型變化

（P201～228）

附錄

專欄

本書的特點及使用方法

本書是從國中及高中這六年之間學習過的英文文法中，精挑細選出日常生活裡可實際運用的必要文法知識，並針對這些知識解說的強化講義。

本書的內容共分為三大單元：Part 1 是學習句子組成的規則，以及決定動詞時態該使用進行式還是完成式等的文法規則；Part 2 是學習如何造出較為複雜的句子；Part 3 則是學習比較級和假設語氣等句型，加強表達能力。

書本內容

每個課題都力求將各文法重點以一目瞭然的方式呈現，先以圖解的方式解說句型的基本內容後，再透過例句確認，幫助加深各位理解。

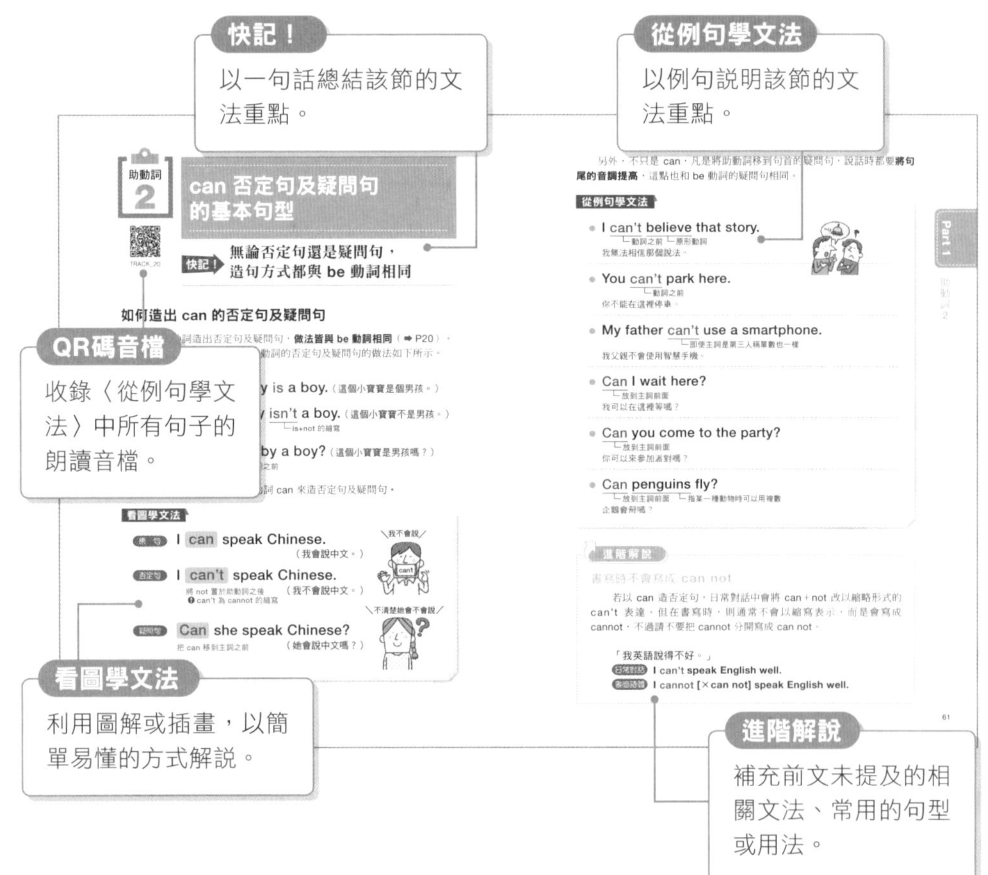

實戰練習

利用各單元中學到的句型，進行英文造句練習。有不懂之處可翻閱相關的頁面，回頭複習相關句型。

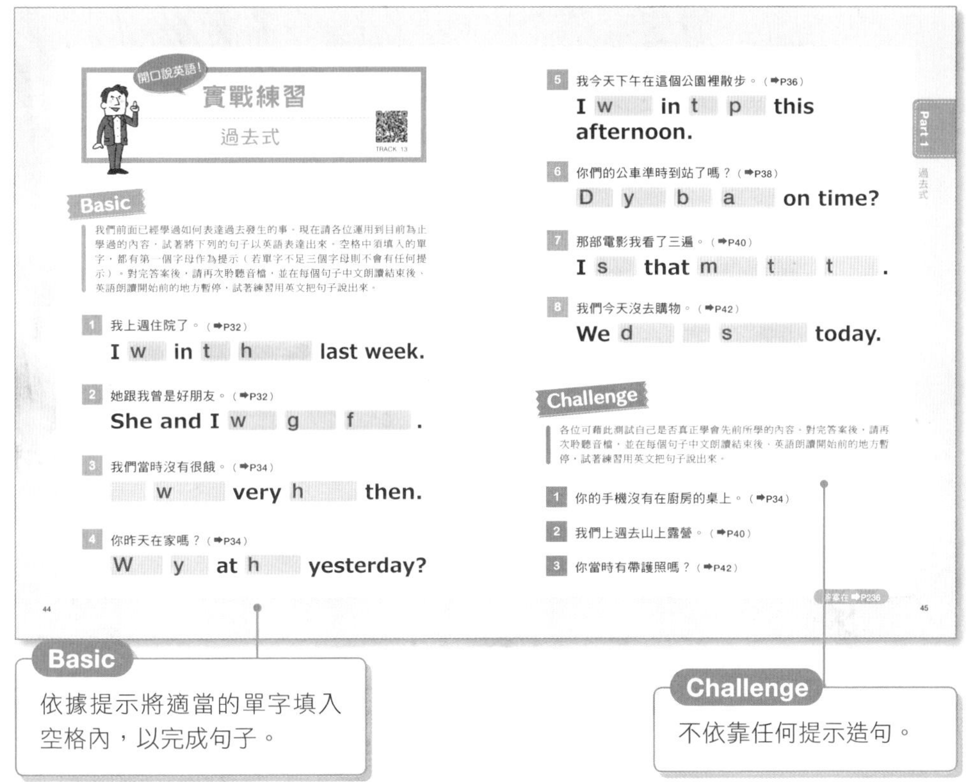
開口說英語！

實戰練習

過去式

TRACK 13

Basic

我們前面已經學過如何表達過去發生的事，現在請各位運用到目前為止學過的內容，試著將下列的句子以英語表達出來。空格中須填入的單字，都有第一個字母作為提示（若單字不足三個字母則不會有任何提示）。對完答案後，請再次聆聽音檔，並在每個句子中文朗讀結束後、英語朗讀開始前的地方暫停，試著練習用英文把句子說出來。

1 我上週住院了。（➡P32）

I w in t h last week.

2 她跟我曾是好朋友。（➡P32）

She and I w g f .

3 我們當時沒有很餓。（➡P34）

w very h then.

4 你昨天在家嗎？（➡P34）

W y at h yesterday?

44

5 我今天下午在這個公園裡散步。（➡P36）

I w in t p this afternoon.

6 你們的公車準時到站了嗎？（➡P38）

D y b a on time?

7 那部電影我看了三遍。（➡P40）

I s that m t t .

8 我們今天沒去購物。（➡P42）

We d s today.

Challenge

各位可藉此測試自己是否真正學會先前所學的內容。對完答案後，請再次聆聽音檔，並在每個句子中文朗讀結束後，英語朗讀開始前的地方暫停，試著練習用英文把句子說出來。

1 你的手機沒有在廚房的桌上。（➡P34）

2 我們上週去山上露營。（➡P40）

3 你當時有帶護照嗎？（➡P42）

答案在➡P238

45

Part 1

過去式

QR 碼線上音檔的搭配練習方式

音檔所收錄的內容除了〈從例句學文法〉的例句之外，還包括〈實戰練習〉中的題目與答案，以及〈不規則動詞變化表〉的內容。在〈實戰練習〉的部分，是以中文（題目）→英語（答案）的順序錄製而成的。在中文及英文之間保留了一小段暫停時間，不妨試著在聽到題目後，自己思考答案並試著以英語說出來。

英文的基本規則①

複習英文的基本詞類

詞類是句子最基本的組成要件

在重新學英文之前，我們先複習一些英文的基本規則。英文的句子是由各式各樣的單字所構成，要建構一個句子，就必須先瞭解單字有哪些功能，也就是要知道單字的**詞性**，詞性的種類即為詞類。下面列出了七種主要的詞類，都是**構成英文句子的基本要件**，以下便針對各詞性逐一介紹。不過並不需要全都背下來，只要先大致看過即可。

1 名詞

性質 表示人、物品、事情的名稱。另外，在表示可數的物品時，若為單數，就要在名詞前加上 a 或 an；若有兩個以上則要在字尾加上 s 或 es。

作用 可當作句子的主詞，或是置於動詞等詞類之後。

例 John（約翰）、car（車子）、apple（蘋果）、promise（承諾）等。

例句

- He has two cars.
（他有兩部車。）
- I ate an apple.
（我吃了一顆蘋果。）
- She keeps her promise.
（她信守承諾。）

two cars

2 代名詞

性質 用來代替名詞。

作用 可當作句子的主詞，或是置於動詞等詞類之後。

例 **I**（我）、**she**（她）、**him**（**he**「他」的受格）、**that**（那／那個）、**mine**（我的〔東西〕）、**himself**（他自己）等。

例句

- That car is mine.
  （那部車是我的。）
- I am happy.
  （我很開心。）
- She plays the piano.
  （她彈鋼琴。）

mine = my car

3 動詞 ※大致分為 be 動詞及除了 be 動詞以外的動詞（一般動詞）兩種

性質 表示動作或狀態。

作用 be 動詞 與主詞結合，後接名詞或形容詞等詞類。（➡ P18）
be 動詞以外 與主詞結合，後接名詞等詞類。（➡ P22）

例 **be** 動詞（是）、**walk**（走）、**buy**（購買）、**live**（居住）等。

例句

be 動詞

- I am Japanese.
  （我是日本人。）
- They are kind.
  （他們很親切。）

be 動詞以外

- I bought a used car.
  （我買了一部中古車。）
- He lives in Tokyo.
  （他住在東京。）

buy a used car

4 形容詞

性質 表示狀態或性質。

作用 說明（或修飾）名詞。在句中的位置是在 be 動詞之後，或是直接搭配名詞使用。

例 large（大的）、new（新的）、sweet（甜的）等。

例句

be 動詞之後

- My car is large.
（我的車很大。）

名詞之前

- This is a sweet melon.
（這是一顆甜的哈密瓜。）

my large car

5 副詞

性質 表示時間或場所等。

作用 修飾除了名詞以外的其他詞類（如形容詞、動詞或是整個句子）。

例 often（經常）、very（非常）、hard（努力地）、early（提早）

例句

- I often wash my car.
（我經常洗我的車。）
- It's very cold today.
（今天非常冷。）
- My father gets up early.
（我父親很早起床。）

wash often

6 連接詞

性質　連接兩個以上的元素。（➡ P188）

作用　不只可用來連接兩個單字，也可用來連接兩個片語或是句子。

例　**and**（並且）、**or**（或）、**when**（當～時）、**that**（用於引導子句）等。

例句

- I have a car and a bicycle.
（我有一部車和一輛腳踏車。）
- Cash or charge?
（付現或刷卡？）
- I will call you when I get home.
（我到家的時候，會打電話給你。）
- I think that she will be late.
（我認為她會遲到。）

a car and a bicycle

7 介系詞

性質　以<介系詞＋名詞>的形態表示場所或時間，具有多種用法（➡ P196）

作用　置於名詞、代名詞等詞類之前

例　**on**、**at**、**in**、**to** 等。

例句

- There is a cat on the car.
（車上有一隻貓。）
- We arrived at 3 p.m.
（我們在下午三點抵達。）
- He finished the report in an hour.
（他在一小時內完成了報告。）
- They went to the beach yesterday.
（他們昨天去了海灘。）

on the car

英文的基本規則②

英文的造句方式

英文的語序很重要！

我們在前面已經介紹過有關英文的基本組成要件（詞類）了。將這些要件經過排列組合或改變形態之後，就可以造出英文的句子。不過正如各位所知，光是把想到的單字隨便排在一起，是無法將想說的話傳達給對方。若想要傳達想法，就必須知道**英文造句的基本規則**。相關細節將會在後面的章節陸續講解，這裡先就基本規則中最重要的**語序**進行解說。請看下列的兩個句子。

比較這兩個句子，可以發現，不管是中文還是英文，句子中的語序皆為動詞「擁有」和「have」放在名詞「照相機」和「camera」前面。

這對我們來說會比較不容易出錯，因為中文不會說成「我一台相機擁有」，而英語也不能隨意改成 I a camera have. 或是 A camera I have. 等寫法，否則句子就無法成立。由此可知，英語只要變換單字的排列順序，也就是只要變換語序，句子的意思也會隨之改變。因此可歸納出以下的規則。

基本規則 英文的語意是由語序決定

這是非常重要的規則，所以請務必牢牢記在腦中。那麼，到底什麼樣的語序是英文句子的基礎呢？

英文最基本的語序是＜主詞＋動詞＞！

在造句時，要把該句最主要的重點，也就是主題放在最前面。這個主題通常稱為**主詞**（subject），之後再接續**動詞**（verb）。請看看下列的例句。

Ellen runs fast.

主詞 ＋ 動詞

Ellen 跑得很快。

就像這個例句一樣，英文的句子原則上都有主詞與動詞。因此，請牢記以下的規則。

基本規則 英文的句子是由＜主詞＋動詞＞所構成

當然也有像 Open the widow.「開窗。」這樣，沒有主詞只有動詞開頭的命令句。不過，英文**原則上所有的句子都一定要有主詞**。因此如果想要以英文表達事情時，都一定要先決定主詞為何，然後再找合適的動詞搭配。

決定句子形態的是動詞！

一個句子的主詞，可以是名詞或代名詞，而接續在主詞之後的就是動詞的位置。而如先前所見，英語的動詞大致上分為 be 動詞以及 be 動詞以外的動詞兩種（➡ P11）。我們試著把這兩種動詞分別放到句中動詞的位置，就會產生以下兩種句子。

基本形態 1　若為 be 動詞

某人（或某事、某物）是～	主詞＋be 動詞＋α　（S 是 α） α → 名詞或形容詞等

例句

- My brother is a cook.
  （My brother = 名詞；a cook = 名詞）
  （我哥哥〔弟弟〕是廚師。）

- They are kind.
  （They = 代名詞；kind = 形容詞）
  （他們很親切。）

基本形態 2　若為 be 動詞以外的動詞

某人（或某事、某物）做～	主詞＋一般動詞＋α　（S 做 V 的動作） α → 名詞等

例句

- I play baseball.
  （I = 代名詞；baseball = 名詞）
  （我打棒球。）

上述兩個句子的動詞後方接續的是不同性質的詞語。也就是說，這兩個句子的形態是不一樣的。之所以會如此的原因，在於句中使用的是不同種類的動詞，而這正是指下面一項基本規則。

基本規則　英文句子的形態由動詞決定

英語中有許多動詞，不過目前請先將上述的❶和❷想成是最基本的形態。關於 be 動詞（➡ P18）與一般動詞（➡ P22）之後會再詳細解說。此外，後續的章節中也會學習一般動詞的種類（➡ P118）。

以上就是在造英文句子時應該要知道的基本規則。那麼，接下來我們就正式開始複習英語吧！

Part 1

基本的句型結構

- 動詞
- 過去式
- **There is~**
- 疑問詞
- 助動詞
- 進行式
- 未來式
- 被動態
- 完成式
- 動詞的種類
- 代名詞
- 名詞
- 冠詞

將兩項要素以等號連結即為 be 動詞的特徵

TRACK_01

快記！ 若主詞為單數用 is
主詞為複數則用 are

be 動詞就等同於等號

那麼事不宜遲，我們就來看看如何造出英文句子吧。

英文中有各式各樣的動詞，我們先從日常對話最常用的 be 動詞開始。

請把 be 動詞想成是**數學的「＝（等號）」**。當你想表達＜A＝B＞、＜A 是 B＞時，就是以**＜A＋be 動詞＋B＞**的形態表示。B 的部分主要是**名詞**或**形容詞**。

看圖學文法

Today is my birthday.
今日 Ⓐ ＝ 我的生日 Ⓑ
（今天是我的生日。）

＝

句中的 be 動詞表示＜today＝my birthday＞。

be 動詞要視主詞而定

當要表達「A 是 B」時，所使用的 be 動詞並非只有 is，還有 **am** 以及 **are**。be 動詞要視主詞而定。

☑ 確認 **be 動詞的基本分類**

主詞	單數的人、事、物			複數的人、事、物
	I	you	其他	
be 動詞	am	are	is	are

※ 日常對話中常會將 I am 縮寫成 I'm，you are 縮寫成 you're。單數是指「1 人／1 個」；複數是指「2 人／2 個以上」。

「若主詞為單數用 is，若為複數則用 are」是最基本的用法。請把 I am~（我是～）以及 You are~（你是～）當成是例外。

從例句學文法

- **My name is Takashi.**
  └當主詞為單數時要用 is 是基本原則！
  我的名字是 Takashi。

- **I am hungry.**
  └主詞為 I 時要用 am！
  我餓了。

- **You are smart.**
  └主詞為 you 時要用 are！
  你很聰明。

- **We are good friends.**
  └主詞為複數時通常用 are！
  我們是好朋友。

實際造句時，會再加上 a 或 the 等其他單字，不過這裡只需先記住 be 動詞的分別及用法即可。其他的部分就算不懂也沒關係，後續會再詳細介紹。

區分自己（我們）、對方（你們）、前述兩者以外的第三方

前面解釋過與單數及複數有關的**「人稱」**。所謂的人稱，分為**「我（我們）」**、**「你（你們）」**、**「第三方」**三種，分別為**第一人稱、第二人稱、第三人稱**。主詞與 be 動詞搭配的規則整理如下，請牢牢記住。

記起來　主詞與 be 動詞的搭配及縮寫

	單數	複數
第一人稱	I am [I'm]~ 我是～	We are [we're]~ 我們是～
第二人稱	You are [You're]~ 你是～	You are [You're]~ 你們是～
第三人稱	He is [He's]~ 他是～	The are [They're]~ 他們〔她們、它們〕是～
	She is [She's]~ 她是～	
	It is [It's]~ 它是～	

※ 除了自己與對話者以外的人或事物，全都屬於第三人稱。例如 this dog（這隻狗）是第三人稱單數；the children（孩子們）是第三人稱複數。

學習如何造出 be 動詞的否定句及疑問句

TRACK_02

快記！ 否定句要加入 not
疑問句要把 be 動詞放到句首

如何造出 be 動詞的否定句

學會 be 動詞的基本用法後，接著學習如何造否定句及疑問句。否定句表示「不是～」，疑問句則表示「是～嗎？」。

我們先從否定句開始看起。就如先前提過的，英文句子的基本形態是<主詞＋動詞>（➡ P15）。否定句原則上就是 **be 動詞加上 not**。

看圖學文法

肯定句 This is ＿＿ my bag. （這是我的包包。）

↓ be 動詞之後加上 not

否定句 This is not my bag. （這不是我的包包。）

└ 縮寫後即為 isn't

是不是很簡單呢！接著再看幾個例句。

從例句學文法

- I am not sleepy.
  └ 放在 be 動詞之後
  我不睏。

- You are not lucky.
  └ 縮寫後即為 aren't
  你不幸運（運氣不好）。

在日常對話中，is not 以及 are not 時常會以縮寫 **isn't** 及 **aren't** 表達。另外，am not 沒有正式的縮寫，所以要表示「我不是～」時，是以 **I'm not~** 表示。

如何造出 be 動詞的疑問句

接下來是疑問句。＜主詞＋動詞＞的疑問句，大原則是要**把 be 動詞移到主詞前**。在書寫疑問句時，要在句尾加上「？」；說話時則是要**將句尾的音調提高**。

看圖學文法

此為疑問句的基本形態。接下來讓我們再多看一些同類型的句子。另外，回答這類疑問句時，可以只用 **Yes** 回答「是」，以 **No** 回答「不是」。

從例句學文法

- **Am I fat?**
  be 動詞 am 在主詞之前
  我胖嗎？

- **Is this your bicycle?**
  be 動詞 is 在主詞之前
  這是你的腳踏車嗎？

- **"Are you busy?" "Yes. / No."**
  be 動詞 are 在主詞之前
  「你很忙嗎？」　「對／不會。」

英文的基本句型！瞭解一般動詞在句中的位置

TRACK_03

快記！ 最基本的句型是把〈主詞＋動詞〉置於句子的最前方

〈主詞＋動詞〉即可構成一個句子！

前面學過的 be 動詞是非常方便好用的動詞，不過 be 動詞無法用來表示動作。讓我們來看看其他類型的動詞。

be 動詞以外的動詞，通稱為**一般動詞**。一般動詞用來表示**「做～的動作」**、**「～的狀態」**等語意。

關於一般動詞的基本用法，來看以下的例句。

看圖學文法

	主詞		動詞	
中文	我	每天早上	吃	優格。
英語	I		eat	yogurt every morning.

上面的句子，就是〈主詞（I＝我）＋動詞（eat＝吃）〉。中文單字的排列順序是〈我＋每天早上＋吃＋優格〉，和英文〈我＋吃＋優格＋每天早上〉略有不同。而之所以會如此，是因為最基本的英文句型，就是**將〈主詞＋動詞〉置於句子最前方的位置**。（➡ P15）

I eat yogurt. 這個句型是表示「S 執行 V 動作」的意思，像這類型的句子在英文中可說是非常常見。句中的 eat 為「吃〇〇」之意，後面接續的〇〇便是表示某種物品（名詞），如 eat yogurt 是「吃優格」，eat bread 則是「吃麵包」的意思。瞭解這個句型的基本構成及用法後，接下來就是要學會運用這個句型造出更多的句子。（➡ P118）

我們再看幾個以一般動詞造的句子。

從例句學文法

- I **have** two smartphones.
  └「擁有～」
  我有兩支智慧型手機。

- I **know** this song.
  └「知道～」
  我知道這首歌。

- We **play** tennis on Sundays.
  └「打（球）～」
  我們每個星期天打網球。

- My parents **like** jazz.
  └「喜歡～」
  我父母喜歡爵士樂。

一般動詞是英文的根本，一定要將其用法牢牢記住。

進階解說

下表中的動詞為日常生活中的常用動詞。相關細節如使用方式等，之後會再詳細說明（➡ P36、40），表中加註＊號的是不規則動詞，未加註＊號的則是規則動詞。

become*	成為	give*	給予	say*	說
break*	打破	have*	擁有	sing*	唱
bring*	帶來	help	協助、幫助	speak*	說話
buy*	購買	hope	希望	stop	停止
call	呼叫、打電話	know*	知道	start	開始
change	改變、交換	learn	學習	study	學習
come*	來	like	喜歡	swim*	游泳
cut*	切	listen	聽	take*	取、拿走
do*	做	live	居住	talk	談話
drink*	喝	look	看	tell*	告訴
eat*	吃	love	愛	think*	思考
find*	找到	make*	做、製造	try	嘗試
finish	結束	meet*	遇見	use	使用
go*	去	need	需要	walk	走
get*	得到	run*	跑	want	想要

學習如何造出一般動詞的否定句及疑問句

TRACK_04

快記！ 無論否定句或疑問句都用 do

一般動詞否定句的造句方式

接著我們來試著以一般動詞造否定句以及疑問句。前面已經學過如何造出 be 動詞的否定句及疑問句（➡ P20），所以在進入正題之前，就先讓我們再復習一次該如何造出 be 動詞否定句。

肯定句 **I am sleepy.**（我想睡覺。）

→否定句 **I am not sleepy.**（我不想睡覺。）

be 動詞否定句就像這樣，要在 be 動詞後面加上 not。然而一般動詞否定句卻不是如此：並不是在動詞之後直接加 not，而是利用 **do** 這個**「助動詞」**來造句。

看圖學文法

肯定句 **I ＿＿ know this song.**（我知道這首歌。）

↓ 動詞之前加上 don't

否定句 **I don't know this song.**

❗ 不是改成 know not！

（我不知道這首歌。）

實際的做法就是像這樣在 do 之後加上 not 變成 **don't**（do not 的縮寫）後，再放到動詞的前面。這裡的 **do 不具任何意思**，請把它想成是為了建構一般動詞否定句所需的一個**記號**。

一般動詞疑問句的造句方式

接著是疑問句的造句方式。be 動詞的疑問句是把 be 動詞移到主詞之前。那麼如果是一般動詞又該怎麼做呢？我們來試著造「你知道這首歌嗎？」這個句子。

看圖學文法

原句　You know this song.（你知道這首歌。）

↓ 在句子最前面加上 Do

疑問句　**Do** you know this song?（你知道這首歌嗎？）

└ ❗不是改成 know you！　└ 加上「？」

把句子夾在「Do」與「？」之間！

就像這樣，只要**把 Do 放到句子開頭**，即形成疑問句。疑問句的最後要加上「**？**」，並**在說話時將語調提高**。這裡的 do 也一樣只是一個記號，請記住「**一般動詞的否定句及疑問句要用到 do**」。那麼，我們來看看以下的例句。

從例句學文法

- **I don't eat natto.**
  └ 放到動詞前面
  我不吃納豆。

- **Do you like coffee?**
  └ 放到句首
  你喜歡咖啡嗎？

利用一般動詞表示「第三人稱、單數、現在式」

TRACK_05

快記！ 第三人稱單數若為現在式，則動詞要加 s

一般動詞也會隨著主詞不同而稍作變化

就如先前所見，be 動詞會隨主詞改變（➡ P18）。那麼一般動詞又是如何呢？

其實一般動詞也會隨主詞不同而稍作變化。若要表達的是發生於現在的事，基本上是使用動詞原本的形態（稱為**原形動詞**）表示，但還是會有以其他形態表示的情況。下列兩個例句，即分別為以原形動詞和以變化形態的動詞表示的例子。

主詞為第一人稱

主詞：I（第一人稱單數）　動詞：eat（原形）

I eat yogurt every morning.

（我每天早上吃優格。）

主詞為第三人稱單數

主詞：My mother（第三人稱單數）　動詞：eats（加上 s）

My mother eats yogurt every morning.

（我的母親每天早上吃優格。）

我
→第一人稱

我的母親
→第三人稱

像這樣添加在原形動詞後的 s，就稱為**三單現的 s**。所謂的三單現，就是**「第三人稱、單數、現在式」**的簡稱。所謂的**「第三人稱」**，就是指自己及對話者以外的所有人事物（➡ P19），所以 my mother 是**第三人稱**，又是單獨一人，因此是**「單數」**。

再者，表示發生於現在的事（母親現在的習慣），要使用動詞的**「現在式」**這個形態。例句中的 eat 由於同時符合第三人稱、單數、現在式三項條件，所以要加上三單現的 s。

但也有些動詞是像 watch（看）→ watches，不是加 s 而是加 es。順道一提，還有一個特殊單字 have，它的三單現不是 haves 而是 **has**。

我們再看看其他的例句，讓各位更熟悉第三人稱單數的表示方式。

從例句學文法

- **He loves rock music.**
  └第三人稱單數 └三單現的 s
  他熱愛搖滾樂。

- **My cousin works in New York.**
  └第三人稱單數 └三單現的 s
  我表哥在紐約工作。

- **My father drives to work.**
  └第三人稱單數 └以 e 結尾的動詞要加上 s
  我父親開車上班。

- **My sister lives in Nagoya.**
  └第三人稱單數 └以 e 結尾的動詞要加上 s
  我的姐姐住在名古屋。

- **He watches DVDs at home on Sundays.**
  └有一些動詞要加 es
  他每個星期天都在家看 DVD。

- **Kazuya plays the piano well.**
  └人名亦為第三人稱 └三單現的 s
  Kazuya 鋼琴彈得很好。

- **Eri studies English hard.**
  └study 的 y 要改成 i 並加上 es
  Eri 努力學英文。

動詞為第三人稱單數時的否定句及疑問句

若句中的動詞為第三人稱單數時，要如何造否定句及疑問句呢？就如先前提到過的，一般動詞在造否定句及疑問句時，要用 do 這個「助動詞」（➡ P24）。但當主詞為第三人稱單數時，do 就要改為 **does**，請將其想成是〈**does＝do＋第三人稱單數的（e）s**〉。由於 does 已經包含了第三人稱單數的 s，所以**後面的動詞要使用原形**表示。

看圖學文法

第三人稱單數要加 s 是非常基本的規則，在書寫英文時請特別小心。

不過，對於剛學會這條規則的英語學習者而言，要在說話的一瞬間馬上判斷是否要以第三人稱單數的形態表達，可能還是有些困難，所以剛開始就算犯錯也沒關係。動詞即使沒以第三人稱單數的形態表達，也一樣可以溝通，所以請在錯誤中累積經驗，慢慢讓自己養成習慣，學會這個用法。

學會基本的用法之後，我們再透過例句熟悉這個用法。

從例句學文法

- **My father doesn't play golf.**
  └第三人稱單數 └does not 的縮寫
  我父親不打高爾夫。

- **She doesn't like oily food.**
  └代名詞 └原形動詞
  她不喜歡油膩的食物。

- **Takuya doesn't read comics.**
  └人名也算是第三人稱
  Takuya 不看漫畫。

- **Does your girlfriend cook well?**
  └放到句子的最前方 └第三人稱單數
  你的女朋友做飯好吃嗎？

- **Does he know your email address?**
  └第三人稱單數
  他知道你的電子郵件地址嗎？

- **Does the shop sell tableware?**
  └原形動詞
  這家店賣餐具嗎？

可以試著以自己身邊的事物造句，以提昇學習效果。

進階解說

三單現 s 的發音

三單現 s 或 es 的發音，共分 [s]、[z]、[ɪz] 三種，我們看看下列的例子。

發音為 [s]	likes（喜歡）、sleeps（睡覺）、speaks（說）、walks（行走）
發音為 [z]	comes（來）、goes（去）、knows（知道）、lives（住）、loves（愛）、runs（跑）
發音為 [ɪz]	catches（抓）、uses（使用）、watches（看）

發音規則若能透過實際運用的方式來幫助記憶，就能自然地培養出對英語發音的直覺判斷力。

實戰練習

動詞

Basic

現在請各位運用到目前為止學過的基本動詞，試著將下列的句子以英語表達出來。空格中須填入的單字，都有第一個字母作為提示（若單字不足三個字母則不會有任何提示）。對完答案後，請再次聆聽音檔，並在每個句子中文朗讀結束後、英語朗讀開始前的地方暫停，試著用英文把句子說出來。

1 這家飯店很大。（➡P18）

This hotel ____ b____ .

2 她跟我都是那個搖滾樂團的歌迷。（➡P18）

S____ a____ I a____ f____ of that rock band.

3 我不是個好廚師（我不擅長做飯）。（➡P20）

I ____ n____ a g____ cook.

4 他們是你的同事嗎？（➡P20）

A____ t____ y____ colleagues?

5 我每天打電動。（➡P22）

I p____ video g____ every day.

6 你喝葡萄酒嗎？（➡P24）

____ y____ d____ wine?

7 他英語說得很好。（➡P26）

He s____ E____ w____ .

8 我姐姐沒有駕照。（➡P26）

My s____ d____ h____ a driver's license.

Challenge

各位可藉此測試自己是否真正學會先前所學的內容。對完答案後，請再次聆聽音檔，並在每個句子中文朗讀結束後、英語朗讀開始前的地方暫停，試著練習用英文把句子說出來。

1 這些蔬菜新鮮嗎？（➡P20）

2 我父親有兩輛車。（➡P26）

3 你父親打高爾夫球嗎？（➡P26）

答案在 ➡P235

藉由 be 動詞表達過去的事

TRACK_07

快記！ 若主詞為單數就用 was
若為複數則用 were

be 動詞現在式與過去式的不同之處

到目前為止介紹過的動詞（be 動詞及一般動詞）用法，都是用來表示發生於「現在」的事（現在式）。接下來要學習的是用來表示發生在「過去」的事的**過去式**。

首先，讓我們從 be 動詞的過去式開始看起，並試著和現在式做個比較。

看圖學文法

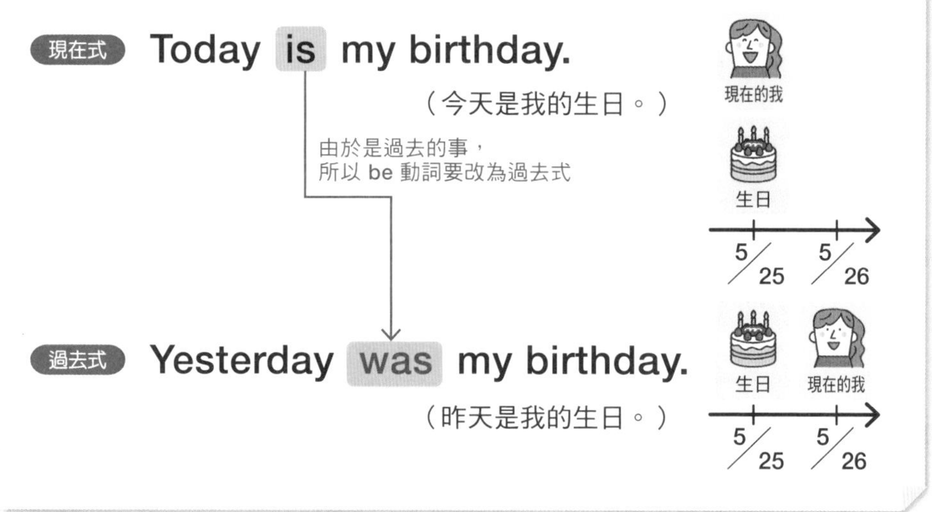

把 is 改為 was，即為過去式。be 動詞的過去式有 **was** 和 **were** 兩種，我們來看看例句。

從例句學文法

● **You were lucky.**

└由於說的是過去發生的事，所以 be 動詞要改成過去式！

你當時很幸運。

● **Today's game was exciting.**

└現在式的 is 要改成過去式的 was

今天的比賽很刺激。

到目前為止看過的 be 動詞，現在式與過去式加起來共有 **is**、**am**、**are**、**was**、**were** 五種。

這幾個 be 動詞會依主詞的人稱及單複數的不同而有以下分別。

記起來 主詞與 be 動詞（現在式、過去式）的搭配組合

	人稱	單數	複數
現在式	第一人稱	I am~. 我是～。	We are~. 我們是～。
	第二人稱	You are~. 你是～。	You are~. 你們是～。
	第三人稱	He is~. 他是～。	They are~. 他們是～。
過去式	第一人稱	I was~. 我曾是～。	We were~. 我們曾是～。
	第二人稱	You were~. 你曾是～。	You were~. 你們曾是～。
	第三人稱	He was~. 他曾是～。	They were~. 他們曾是～。

上表中的 I am、You are、You were 請想成是例外的用法。這麼一來，be 動詞即可簡單彙整成以下的表格。

確認 be 動詞的使用原則

	主詞為單數	主詞為複數
現在式	is	are
過去式	was	were

實際使用時，只要依照這個表格的原則就不會出錯了！

學習如何使用 be 動詞過去式造出英文句子

TRACK_08

快記！ 否定句加 not
疑問句把 be 動詞放句首

否定句和疑問句的造句方式都與現在式相同

利用 be 動詞過去式（was、were）造出否定句與疑問句的方法，都與現在式（is、am、are）相同（➡ P20）。**否定句要在 be 動詞後加 not，疑問句則要將 be 動詞移到主詞之前。**

看圖學文法

原句　The train（主詞） was（be 動詞） late.
（電車誤點了。）

否定句　The train was not late.（be 動詞後加上 not）
└was not 亦可縮寫成 wasn't
（電車沒有誤點。）

疑問句　Was the train late?（be 動詞移至主詞之前）
（電車誤點了嗎？）

我們再複習一下 be 動詞使用上的分別。在現在式時，若主詞搭配的是 be 動詞 is 或 am，則過去式就用 was；若主詞搭配的 be 動詞是 are，過去式就用 were（➡ P33）。我們一起看看以下的幾個例句。

從例句學文法

- **I was not lucky today.**
  └現在式為 am，所以用 was
  我今天運氣不好。

- **We were not busy yesterday.**
  └現在式為 are，所以用 were
  我們昨天不忙。

- **Was the restaurant crowded?**
  └把 is 的過去式放在主詞之前
  那家餐廳擠滿了人嗎？

- **Were you at the party?**
  └把 are 的過去式放在主詞之前
  你曾在那場派對中嗎？

- **"Were you sick last night?" "Yes / No."**
  └把 are 的過去式放在主詞之前
  「你昨晚不舒服嗎？」「對／沒有。」

另外，回答疑問句時，即使是過去式，也一樣可以只用一個單字回答，**Yes** 表示「是」（肯定），**No** 表示「不是」（否定）。

進階解說

be動詞的否定句、疑問句的總整理

下表內彙整了到目前為止學習過的 be 動詞否定句及疑問句的造句方式。因為是常用的句型，最好把這張表格完整記住。

		否定句		疑問句	
主詞		現在式	過去式	現在式	過去式
單數	I	I'm not~	I wasn't~	Am I~ ?	Was I~ ?
	you	You aren't~	You weren't~	Are you~ ?	Were you~ ?
	he	He isn't~	He wasn't~	Is he~ ?	Was he~ ?
複數	we	We aren't~	We weren't~	Are we~ ?	Were we~ ?
	you	You aren't~	You weren't~	Are you~ ?	Were you~ ?
	they	They aren't~	They weren't~	Are they~ ?	Were they~ ?

造出一般動詞過去式句子的基本方法（規則變化篇）

TRACK_09

快記！ 過去式的基本形態是〈動詞字尾＋ed〉

一般動詞過去式的變化方式

接著是一般動詞的過去式。一般動詞的過去式稍稍困難一些，在英語學習上需要多花點心思學習。那麼事不宜遲，就讓我們一起來看看例句吧。

看圖學文法

像這樣在動詞字尾加上 ed，意為**「～過／了」**、**「曾經～」**，就是過去式。

〈原形＋ed〉的過去式形態稱為**規則變化**，而採規則變化的動詞稱為**規則動詞**。不過像是 live（居住）→ lived 這種原形以 e 結尾的動詞，只要加 d 即可。此外，還有一些過去式的變化方式不太一樣的動詞，如 stop（停止）→ stopped（已停止）、study（學習）→ studied（學過）。

另外，「第三人稱單數加 s」這個規則（➡ P26），是屬於動詞「現在式」的變化，並不適用於過去式。

現在式 **He works for a travel agency.**
└ 三單現的 s
（他在旅行社工作。）

過去式 **He worked for a travel agency.**
└ 過去式不需要加上第三人稱單數的 s
（他在旅行社工作過。）

那麼，讓我們透過例句實際看看過去式的用法。

從例句學文法

- **I listened to this CD many times.**
  └ 原形動詞加上 ed
  這張 CD 我聽了很多遍。

- **I studied economics at college.**
  └ study 的 y 改成 i 再加上 ed
  我在大學讀過經濟學。

- **We changed our schedule.**
  └ 原形動詞的字尾為 e，所以只要加上 d 即可
  我們變更了我們的行程。

- **We walked on the beach.**
  └ 原形動詞加上 ed
  我們在沙灘散過步。

- **He helped me with my work.**
  └ 原形動詞加上 ed
  他在工作上幫助過我。

- **She stayed at a hotel near the station.**
  └ 原形動詞加上 ed
  她在車站附近的一間飯店住過。

前面提過，即使是規則動詞的過去式，也有可能會像上方例句中的 studied 及 changed 一樣，在變化上有些許不同。不過還是先把**〈原形＋ed〉**的規則確實地學起來，再逐一理解並熟悉個別的動詞變化即可。

造出一般動詞的過去式否定句及疑問句（規則變化篇）

TRACK_10

快記！ 使用 do 的過去式 did

一般動詞（規則變化）的過去式否定句

前面已經學過一般動詞現在式的否定句及疑問句（➡ P24）。我們透過否定句的例句來回想一下。

原 句 I use this PC.（我使用這台電腦。）

→ 否定句 I don't use this PC.（我沒有使用這台電腦。）
└用來造否定句的記號

過去式的否定句，只要將句中的 don't 改為 **didn't** 即可。did 為 do 的過去式。

看圖學文法

另外，當主詞為第三人稱單數，一般動詞的否定句要用 doesn't，但如果要表達的是過去式，則與非第三人稱單數的主詞一樣是使用 **didn't**。

現在式 She doesn't use this PC.（她沒有使用這台電腦。）

→ 過去式 She didn't use this PC.（她沒有使用過這台電腦。）

即，一般動詞過去式的否定句，無論主詞為何都是**用 didn't 表示**。

一般動詞（規則變化）的過去式疑問句

現在式疑問句須視主詞而選擇不同的助動詞，如 Do you~?／Does he~?。過去式疑問句，則像 Did you~?／Did he~? 一樣，只要全部以助動詞 **Did** 開頭即可。

看圖學文法

那麼，讓我們再看看其他的例句。

從例句學文法

- This medicine didn't work.
  └主詞為第三人稱單數
  這種藥沒有效。

- Did you check your email?
  └Did 置於句首 └原形動詞
  你確認過你的電子郵件了嗎？

造出一般動詞過去式句子的基本方法（不規則變化篇）

TRACK_11

快記！ 不規則動詞的過去式只能記住

常用且字母數較少的不規則變化動詞

先前曾說明過，一般動詞的過去式，基本上是以**〈原形＋ed〉**（➡ P36）表示。字母數較多的動詞，幾乎都能套用這條規則，例如 suggest（提議）的過去式為 suggested，而 respect（尊敬）的過去式為 respected。

但在一些**平時常用且字母數較少的動詞**中，部分動詞的過去式屬於特殊形態，如 drive（駕駛）的過去式為 drove。這樣的動詞作**不規則變化，稱為不規則動詞**。

看圖學文法

原句　I **drive** to work every day.
（我每天開車上班。）

↓ 改為過去式

過去式　I **drove** to work yesterday.
└不是加 ed，而是改變形態
（我昨天開車上班。）

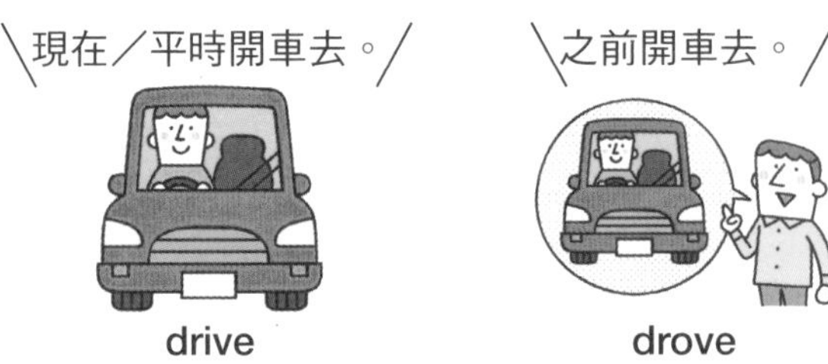

與規則動詞相同，不規則動詞的過去式也一樣不適用「第三人稱單數加 s」這條規則。

現在式 My father drives to work every day.
└ 第三人稱單數的 s
（我父親每天開車上班。）

→ 過去式 My father drove to work yesterday.
└ 過去式不會加上第三人稱單數的 s
（我父親昨天開車上班。）

不規則動詞的過去式，只能一個一個背下來。本書的附錄中彙整了一些平時常用的不規則動詞，可以試著以此作為聽說練習的素材。（➡ P232）。藉由多聽多說的方式熟悉不規則動詞的用法，會較容易記住。下表列出了不規則動詞中常用的重要動詞，請先學會這些動詞的變化。

記起來 **重要的不規則動詞**

意思	原形	過去式	意思	原形	過去式
打破	break	broke	聽到	hear	heard
來	come	came	打、侵襲	hit	hit
抓住	catch	caught	丟失	lose	lost
做	do	did	遇見	meet	met
喝	drink	drank	閱讀	read	read
吃	eat	ate	睡覺	sleep	slept
擁有	have	had	寫	write	wrote

接下來我們再看看例句。

從例句學文法

- He came to the party late.
  └ come 的過去式
  他來派對遲到了。

- The players did their best.
  └ do 的過去式
  球員們盡力了。

- A big typhoon hit Okinawa.
  └ hit 的過去式
  一場大颱風侵襲了沖繩。

造出一般動詞的過去式否定句及疑問句（不規則變化篇）

快記！ **無論否定句還是疑問句，造句方式都與規則動詞相同！**

一般動詞（不規則變化）的過去式否定句

先前已經學過如何以一般動詞中的規則動詞構成否定句及疑問句（➡P38）。**不規則動詞也是採用一樣的方法**。

看圖學文法

若主詞為第三人稱單數，一般動詞現在式的否定句會使用 doesn't 來構句。但如果要表達的是過去式，則與非第三人稱單數的主詞一樣使用 didn't。

現在式 **She doesn't know my address.**

（她不知道我的地址。）

→過去式 **She didn't know my address.**

（她當時不知道我的地址。）

一般動詞（不規則變化）的過去式疑問句

以不規則動詞造過去式疑問句時，與規則動詞相同，都以助動詞 **Did** 開頭。

看圖學文法

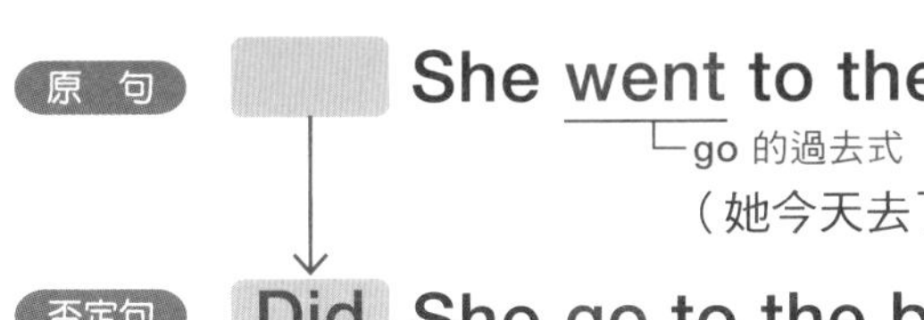

原句　She went to the bank today.
└go 的過去式
（她今天去了銀行。）

否定句　**Did** She go to the bank today?
疑問句的記號　└❗此處要用原形
（她今天去了銀行嗎？）

放在 did 之後的動詞，一定要改成原形動詞。另外，由於是表達過去的事，所以即使主詞為第三人稱單數，動詞也不會加上第三人稱單數的 s。

根據以上的內容，我們來看看下列的例句。

從例句學文法

- **I didn't read that novel.**
  └did 已經是過去式，故要用原形
  我沒讀過那本小說。

- **My boss didn't say yes.**
  └did 已經是過去式，故要用原形
  我的上司沒說過可以。　※yes 亦可作為名詞使用

- **We didn't go anywhere during the vacation.**
  └did 已經是過去式，故要用原形
  我們在假期中沒去過任何地方。

- **Did you see him in the cafeteria?**
  └置於句首　└did 已經是過去式，故要用原形
  你在自助餐廳看見過他嗎？

- **Did he call you yesterday?**
  └置於句首
  他昨天打過電話給你嗎？

實戰練習

過去式

Basic

我們前面已經學過如何表達過去發生的事。現在請各位運用到目前為止學過的內容，試著將下列的句子以英語表達出來。空格中須填入的單字，都有第一個字母作為提示（若單字不足三個字母則不會有任何提示）。對完答案後，請再次聆聽音檔，並在每個句子中文朗讀結束後、英語朗讀開始前的地方暫停，試著練習用英文把句子說出來。

1 我上週住院了。（➡P32）

I w___ in t___ h___ last week.

2 她跟我曾是好朋友。（➡P32）

She and I w___ g___ f___.

3 我們當時沒有很餓。（➡P34）

___ w___ very h___ then.

4 你昨天在家嗎？（➡P34）

W___ y___ at h___ yesterday?

5 我今天下午在這個公園裡散步。（➡P36）

I w____ in t___ p____ this afternoon.

6 你們的公車準時到站了嗎？（➡P38）

D___ y____ b___ a______ on time?

7 那部電影我看了三遍。（➡P40）

I s___ that m_____ t_____ t_____.

8 我們今天沒去購物。（➡P42）

We d_____ ___ s________ today.

Challenge

各位可藉此測試自己是否真正學會先前所學的內容。對完答案後，請再次聆聽音檔，並在每個句子中文朗讀結束後、英語朗讀開始前的地方暫停，試著練習用英文把句子說出來。

1 你的手機沒有在廚房的桌上。（➡P34）

2 我們上週去山上露營。（➡P40）

3 你當時有帶護照嗎？（➡P42）

答案在 ➡P236

學習表示「（某處）有～」的 There is 句型

TRACK_14

快記！ 表達「有～」要以 There 開頭

「（某處）有～」的句型

本節我們來看看表示「（某處）有～」的句型。這類句型是以下圖中的方式表達。

看圖學文法

基本形態

There〔is / are〕 A ＋ 介系詞 ＋ B ＝在 B 有 A
〔人或事物〕〔場所〕

There is **a cake** in the fridge.
A：a cake〔物品〕 介系詞：in B：the fridge〔場所〕

（冰箱裡有一塊蛋糕。）

there 在這裡只是一個記號，所以不用特別翻譯。另外，要多加注意，A 若為**複數**，就要**改用 are** 而非 is。

There are two book stores near the station.
（stores：複數）（車站附近有兩家書店。）

另外，接續於 there is / are **之後的內容通常是「首次出現於話題中的事物」，所以不會是加上 the 或 my 的名詞**。若要表達的是「（曾出現於話題中的）生日蛋糕在冰箱」，會以 The birthday cake is in the fridge. 表示，而不會使用 there is 的句型表達。

常用的介系詞

本節將會先介紹一些常用的介系詞。**介系詞**是一種**「置於名詞（代名詞）前的詞類」**（➡ P10），**<介系詞＋名詞>的形態可用來表示場所及時間**。與介系詞有關的更多細節將留待第 196 頁再做說明，各位在這裡只需先學會常與 There 句型搭配使用的介系詞即可。

記起來 **常用的介系詞＋名詞**

across	across the street（街道對面）	around	around the world（全世界）
at	at the café（在咖啡廳）	in	in the room（房間裡）
in front of	in front of the station（車站前）	near	near the park（公園附近）
on	on the table（桌上）	under	under the bed（床下）

學會表格中的介系詞後，我們再來看看以下例句。

從例句學文法

- **There is a piano in the living room.**
  is：因為是單數，所以用 is
  in：表「在～之中」之意
  客廳裡有一架鋼琴。

- **There is a post office around the corner.**
  is：因為是單數，所以用 is
  around：表「在～附近」之意
  街角附近有一家郵局。

- **There are three hospitals in this town.**
  are：因為是複數，所以用 are
  in：表「在～之中」之意
  這座城鎮裡有三家醫院。

- **There are 29 days in February this year.**
  are：因為是複數，所以用 are
  in：表「在～之中」之意
  今年的二月有 29 天。

順道一提，在口語上會將 There is 縮寫為 **There's**，There are 縮寫為 **There're**，不過**在書寫時通常不會使用縮寫**。

如何造出 There is 句型的否定句及疑問句

TRACK_15

快記！ 否定句加 not
疑問句將動詞移到句首

「沒有～」、「有～嗎？」的表達方式

接著要介紹的是 There is 的否定句及疑問句。若要將 There is 開頭的句子改成否定句，就**在 is 後加上 not**。疑問句則是將 is 移到 there 前，改成 **Is there~?**，並在口語表達疑問句時，把句尾的音調提高。是不是覺得很眼熟呢？沒錯！做法和 be 動詞的否定句及疑問句十分相似（➡ P20）。

看圖學文法

原句 **There is a cake in the fridge.**
（冰箱裡有塊蛋糕。）

否定句 **There isn't a cake in the fridge.**
將 not 放在 is 後面 （冰箱裡沒有蛋糕。）

疑問句 **Is there a cake in the fridge?**
把 is 移到句首 （冰箱裡有蛋糕嗎？）

表達「有～」之意的 There is~ 句型說明及總整理

使用 are 而非 is 的句子，其否定句和疑問句也是以相同的方式造句。此外，若要以過去式表達「曾有～」之意，是用 **was** 或 **were**。將前述的所有資訊彙整後，即可得到如下的表格。

記起來 **There is~ 的用法總整理**

	現在式		過去式	
	A ＝單數名詞	A ＝複數名詞	A ＝單數名詞	A ＝複數名詞
有 A	There is A.	There are A.	There was A.	There were A.
沒有 A	There isn't A.	There aren't A.	There wasn't A.	There weren't A.
有 A 嗎？	Is there A?	Are there A?	Was there A?	Were there A?

那麼，接下來，就讓我們來看看否定句及疑問句的例句。請特別注意 be 動詞會因上表中的 A 為單數或複數，而在形態上有所變化。

從例句學文法

- **There isn't a hospital around here.**
  └由於後方為單數名詞，所以用 isn't
  這附近沒有醫院。

- **There aren't any good restaurants near here.**
  └由於後方為複數名詞，所以用 aren't
  這附近沒有任何好的餐廳。 ※否定句會在複數的名詞前加上 any

- **Is there a restroom in this building?**
  └由於後方為單數名詞，所以用 is
  這棟大樓中有洗手間嗎？

- **Are there pandas in the zoo?**
  └由於後方為複數名詞，所以用 are
  動物園裡有熊貓嗎？

- **Was there anyone in the meeting room?**
  └由於後方為單數名詞，所以用 was
  會議室裡有人嗎？

- **Were there any calls for me?**
  └由於後方為複數名詞，所以用 were
  └❗當詢問的事物為複數時，會在名詞前加上 any！
  有任何找我的電話嗎？

要一開始就能瞬間反應說出否定句或疑問句，各位可能會覺得有些困難，不過只要經常練習，就能夠流利地說出口。

實戰練習

There is~

Basic

前面學習的是「有～」的句型。現在請各位運用到目前為止學習過的內容，試著將下列的句子以英語表達出來。空格中須填入的單字，都有第一個字母作為提示（若單字不足三個字母則不會有任何提示）。對完答案後，請再次聆聽音檔，並在每個句子中文朗讀結束後、英語朗讀開始前的地方暫停，試著練習用英文把句子說出來。

1 那座山丘上有間小旅館。（➡P46）

T____ ___ a s____ hotel ___ that hill.

2 停車場中有四輛車。（➡P46）

T____ a___ four cars ___ the parking lot.

3 咖啡館前有一位女子。（➡P46）

T____ ___ a woman ___ front ___ the café.

4 這座城市裡有兩所高中。（➡P46）

T____ a___ two high schools ___ this city.

5 這附近沒有任何加油站。（➡P48）

T____ a____ any gas stations n____ h____.

6 這附近有郵筒嗎？（➡P48）

____ t____ a mailbox a____ h____?

7 冰箱下方曾有一支鑰匙。（➡P48）

T____ w____ a key u____ the refrigerator.

8 公車上沒有空位了。（➡P48）

T____ w____ any empty seats ____ t____ b____.

Challenge

各位可藉由此練習測試自己是否真正學會先前所學的內容。對完答案後，請再次聆聽音檔，並在每個句子中文朗讀結束後、英語朗讀開始前的地方暫停，試著練習用英文把句子說出來。

1 車站附近有一家不錯的中餐廳。（➡P46）

2 那本書中有很多圖片嗎？（➡P48）

3 等候室中有很多人嗎？（➡P48）

答案在 ➡P237

詢問事物的基本方式！5W1H 的使用方法

TRACK_17

快記！ 5W1H 表示用於提問的 6 個疑問詞

如何利用疑問詞造出疑問句

本節將先補充說明一些與疑問詞有關的資訊。

到目前為止出現的疑問句，都是像 Are you~? 或 Do you~? 這類可用 yes 或 no 回答的提問方式。但是平日的對話中，有時會出現詢問「誰」、「哪裡」這類具體資訊的情況。

這類以 yes 或 no 回答不了的疑問句，造句時就要**把疑問詞置於句首**。主要的疑問詞有以下六個，通稱為**「5W1H」**。

記起來 **疑問詞 5W1H**

5W	who	用於詢問「誰」	
	what	用於詢問「什麼」	
	when	用於詢問「什麼時候」	
	where	用於詢問「哪裡」	MAP
	why	用於詢問「為什麼」	
1H	how	用於詢問「如何、怎麼」	

原則上只要將這些**疑問詞放在句首，再將句子以疑問句的形態接續在後**即可。另外，以 yes 或 no 回答的疑問句在說話時要將句尾的音調提高，但是**以疑問詞開頭的疑問句則不需提高句尾的音調**。

請見以下的圖解。

看圖學文法

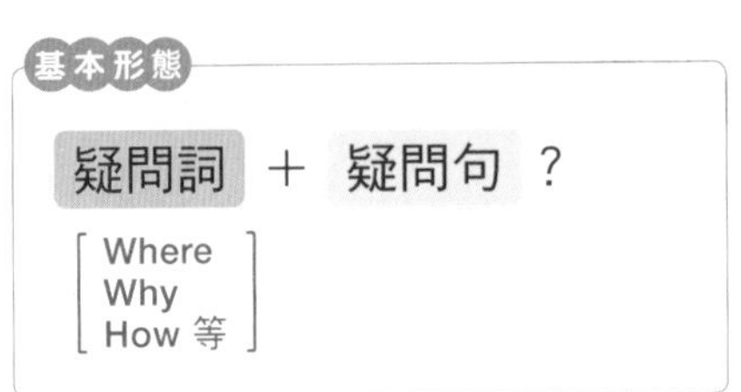

詢問「地點」等這類較具體的資訊

想詢問的事

原句 You live **in Kawasaki**.

由於想詢問的是地點，所以使用 Where，並放到句首

（你住在川崎。）

疑問句 **Where** do you live ?

疑問詞　疑問句的形態

（你住在哪裡？）

回答 I live in Kawasaki.　（我住在川崎。）

使用疑問詞表達的疑問句，是**將想要詢問的內容改以疑問詞表示**。上述的例句所要詢問的是地點，所以使用 where。

那麼，讓我們再看看其他的例句。

從例句學文法

- **How did you get the ticket?**
  └由於是詢問方法，所以用 how　└疑問句
  你是怎麼拿到票的？

- **Where does he come from?**
  └由於是詢問地點，所以用 where
  他是從哪裡來的？

- **What do you mean?**
  └由於是詢問話中的意思，所以用 what
  什麼意思（你想表達什麼意思）？

這些句子也經常出現在日常對話中，請務必牢記這些句子，並運用在日常生活中。

另外，若將 be 動詞置於 What、Who、When 等疑問詞之後，為**「～是什麼〔誰、什麼時候〕」**之意。

看圖學文法

此句型中用的是 be 動詞。當主詞和疑問詞為相等的關係時，就會以 be 動詞表達。

從例句學文法

● **Who is the leader of this project?**
└疑問詞└be 動詞 └主詞
這項專案的負責人是誰？

● **When was their wedding?**
└疑問詞 └be 動詞 └主詞
他們的婚禮是什麼時候？
※When is~?：～是什麼時候？

其他的疑問詞 what、which、whose

另外，還有 which 及 whose 也要一併記起來。若將名詞置於這些疑問詞後面，則會分別有 **What「什麼（種類）的～」、Which「哪一個的（哪一些的）～」、Whose「誰的～」**的意思。我們來看看相關例句。

看圖學文法

我們再看看幾個相同形態的例句。

從例句學文法

● **What time does the meeting start?**
└疑問詞 └名詞 └疑問句
會議什麼時候開始？

● **"Which course did you choose?"**
└疑問詞 └名詞 └疑問句
"The elementary course."
「你選擇了哪一個課程？」「基礎課程。」

● **"Whose bag is this?" "It's mine."**
└疑問詞 └名詞 └疑問詞
「這個手提包是誰的？」「是我的。」

使用可詢問具體資訊的疑問詞所造的疑問句，也經常用於日常對話中，最好確實學會並牢記其用法。

實戰練習

疑問詞

TRACK_18

Basic

現在請各位運用到目前為止學習過的疑問詞用法，試著將下列的句子以英語表達出來。空格中須填入的單字，都有第一個字母作為提示（若單字不足三個字母則不會有任何提示）。對完答案後，請再次聆聽音檔，並在每個句子中文朗讀結束後、英語朗讀開始前的地方暫停，試著練習用英文把句子說出來。

1 你的新老闆是誰？（➡P52）

W____ ____ y____ n____ boss?

2 這隻狗的名字是什麼？（➡P52）

W____ t____ d____ name?

3 你午餐吃了什麼？（➡P52）

W____ d____ y____ h____ for lunch?

4 你的婚禮是什麼時候？（➡P52）

W____ ____ your w____?

5 你的父母來自哪裡（是哪裡人）？（➡P52）

W___ a___ your p___ from?

6 你昨天為什麼提早下班？（➡P52）

W___ d___ y___ l___ work early yesterday?

7 你是怎麼來到這裡的？（➡P52）

H___ d___ y___ g___ here?

8 你借的是誰的車？（➡P52）

W___ c___ d___ you b___ ?

Challenge

各位可藉由此測試自己是否真正學會先前所學的內容。對完答案後，請再次聆聽音檔，並在每個句子中文朗讀結束後、英語朗讀開始前的地方暫停，試著練習用英文把句子說出來。

1 那個戒指你是在哪裡買的？（➡P52）

2 你是如何將門鎖打開的？（➡P52）

3 你在京都住的是哪一間飯店？（➡P52）

答案在➡P238

藉由最常用的 can 認識助動詞的基本用法

TRACK_19

快記！ 〈can＋原形動詞〉表示「能夠～」

can 的基本用法

接著要介紹的是助動詞。所謂的助動詞，就如字面所示，是**「輔助動詞的詞」**，**使用時要置於動詞之前**。首先就從表示**「能夠／會～」**的 can 開始介紹。基本形態如下所示。

看圖學文法

若像上述的例句一樣，主詞是第三人稱單數，一般動詞的現在式就要加上三單現的 s。但這樣的句子若加入了 can，**動詞就不會加三單現的 s**。

can 使用上有以下兩個重點。這些規則**也適用於 can 以外的助動詞**。

（1）無論主詞為何都使用 can
（2）can 之後接續的必定為原形動詞

另外，前一頁的例句中，can 為 speak 加上了「能夠／會～」的意思。**助動詞的作用，就是為動詞附加各式各樣的語意**。can 的基本語意為**「能夠／會～」（能力、可能）**。而這樣的語意亦可進一步地延伸出像 You can use my computer. 這類表示**「可以～」（許可）**的用法。我們一起來看看以下的例句。

Part 1 助動詞 1

從例句學文法

● **My cat can open this door.**
└即使主詞為第三人稱單數也不加 s
我的貓會開這扇門。

● **My husband can cook anything.**
└能力
我先生什麼都會煮。 ※anything：無論什麼東西

● **She can sing karaoke very well.**
└能力
她卡拉 OK 能唱得很好。

● **I can sleep anywhere.**
└能力
我什麼地方都能睡。

● **You can use my computer.**
└許可
你可以使用我的電腦。

● **We can meet tomorrow.**
└可能
我們明天能碰面。

只要記住助動詞 can 的語意及用法，就能表達更多意思。

can 否定句及疑問句的基本句型

TRACK_20

快記！ **無論否定句還是疑問句，造句方式都與 be 動詞相同**

如何造出 can 的否定句及疑問句

要以助動詞造出否定句及疑問句，**做法皆與 be 動詞相同**（➡ P20）。就如先前學過的，造出 be 動詞的否定句及疑問句的做法如下所示。

原句 This baby is a boy.（這個小寶寶是個男孩。）

→否定句 This baby isn't a boy.（這個小寶寶不是男孩。）
└is+not 的縮寫

→疑問句 Is this baby a boy?（這個小寶寶是男孩嗎？）
└把 is 移到主詞之前

那麼，讓我們試著利用助動詞 can 來造否定句及疑問句。

看圖學文法

原句 I can speak Chinese.
（我會說中文。）

否定句 I can't speak Chinese.
將 not 置於助動詞之後　（我不會說中文。）
❗can't 為 cannot 的縮寫

疑問句 Can she speak Chinese?
把 can 移到主詞之前　（她會說中文嗎？）

另外，不只是 can，凡是將助動詞移到句首的疑問句，說話時都要**將句尾的音調提高**，這點也和 be 動詞的疑問句相同。

從例句學文法

- **I can't believe that story.**
  └動詞之前 └原形動詞
  我無法相信那個說法。

- **You can't park here.**
  └動詞之前
  你不能在這裡停車。

- **My father can't use a smartphone.**
  └即使主詞是第三人稱單數也一樣
  我父親不會使用智慧手機。

- **Can I wait here?**
  └放到主詞前面
  我可以在這裡等嗎？

- **Can you come to the party?**
  └放到主詞前面
  你可以來參加派對嗎？

- **Can penguins fly?**
  └放到主詞前面 └指某一種動物時可以用複數
  企鵝會飛嗎？

進階解說

書寫時不會寫成 can not

若以 can 造否定句，日常對話中會將 can＋not 改以縮略形式的 can't 表達。但在書寫時，則通常不會以縮寫表示，而是會寫成 cannot，不過請不要把 cannot 分開寫成 can not。

「我英語說得不好。」

日常對話 **I can't speak English well.**

書面語體 **I cannot [×can not] speak English well.**

認識表示「應該～」的 should 的用法

TRACK_21

快記！ 「應該～」是 should＋原形動詞

should 的基本用法

接下來讓我們來看看 can 以外的助動詞。**should 是表示「應該～（義務）」或「最好～（提議）」**的意思，基本的形態和 can 一樣，無論主詞為何，都用 should 表示。而 **should 後面也要使用原形動詞**。例句如下所示。

看圖學文法

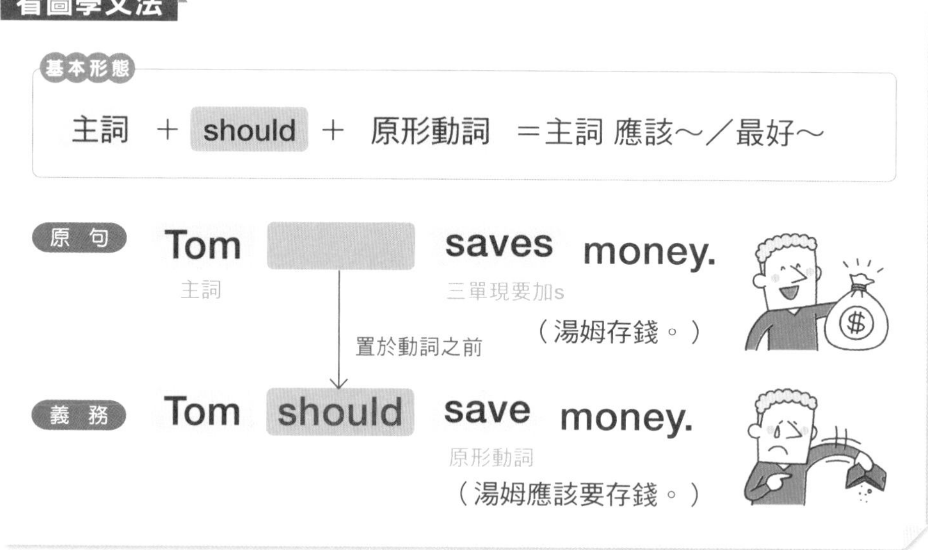

should 是提醒對方做某件事，或是向對方提出建議時所用的字。經常會以 we 等人稱為主詞。我們透過例句確認一下。

從例句學文法

- **You should reserve a table.**
  └即使主詞為第二人稱單數也是用 should
  你應該預訂位子。

- **You should take care of yourself.**
  └原形動詞
  你應該要好好照顧自己。 ※take care of~：照顧、留意

- **We should change our schedule.**
  └即使主詞為第一人稱複數也是用 should
  我們應該更改行程。

- **We should stay at home today.**
  └原形動詞
  我們今天應該待在家。

- **He should stop smoking.**
  └即使主詞為第三人稱單數也是用 should
  他應該戒煙。

- **She should clean her room more often.**
  └原形動詞
  她應該更常打掃她的房間。

為能更熟悉表示義務及提議的 should 的用法，請自己試著練習造句。

進階解說

should 也可用來委婉地提出建議

有些人或許學到的是「should＝應該」，不過中文中的「應該」在語氣上有較強的強制感。英語的 should 在語氣上並沒有那麼強烈，也可以用來表示委婉提出建議的「你最好做～」。

「你最好立刻離開。」
→ **You should leave right now.**

「你最好把那份資料留存下來。」
→ **You should save the data.**

Part 1
助動詞 3

should 否定句及疑問句的基本句型

TRACK_22

快記！ 無論否定句還是疑問句，造句方式都與 can 相同

should 的否定句及疑問句

should 的否定句及疑問句的造句方式，也是和 can 採取相同的做法。

否定句是在 should 後面加上 not，改為 **should not**。日常對話中較常用縮略形式的 **shouldn't**。疑問句則是**將 should 移到主詞之前**，並在說話時將句尾的音調提高。

看圖學文法

原句 You **should** believe him.

把 not 放在助動詞的後面

（你應該相信他。）

否定句 You **shouldn't** believe him.

└should＋not 的縮寫

（你不應該相信他。）

原句 I **should** bring an umbrella.

把 should 移到主詞的前面

（我應該帶一把雨傘。）

否定句 **should** I bring an umbrella?

（我應該帶一把雨傘嗎？）

上面的疑問句，也可以翻譯成「我是不是應該帶一把雨傘？」。這個句子也可以用 Shall I bring an umbrella? 表達，美式英語中較常用 should。

學會 should 的疑問句後，我們再進一步看看利用疑問詞所造的疑問句。疑問詞之後接續的是與前述的疑問句相同的句型，但說話時要將語尾的音調降低。

看圖學文法

疑問詞 ＋ should 的疑問句 ？

Where should we have dinner tonight ?

Where：疑問詞　should we have dinner tonight：should 的疑問句

（我們今晚應該要在哪裡吃晚餐？）

上述例句的意思是「我們今晚應該要在哪裡吃晚餐？」，這個句子也可用 Where **shall we** have dinner tonight? 表達，美式英語中較常用 should 表示。

那麼，讓我們透過例句確認一下各個句型。

從例句學文法

- **You shouldn't be afraid of failure.**
  └should＋not 的縮寫
  你不應該害怕失敗。　※be afraid of~：害怕~

- **Should I bring some food?**
  └放到主詞之前
  我應該帶點食物嗎？

- **Should we take a taxi?**
  └放到主詞之前
  我們應該搭計程車嗎？　※take a taxi：搭乘計程車

- **When should I come to your office?**
  └疑問詞之後
  我應該什麼時候到你的辦公室去？

瞭解 should 的用法後，即可實際試著自己練習造否定句及疑問句。

學會表達情緒的各種助動詞

TRACK_23

快記！ 其他助動詞的基本用法也都相同

常用的助動詞及表達方式

到目前為止我們學過了 can 以及 should 的用法。除了這兩個助動詞以外，還有其他的助動詞。熟悉前述的助動詞用法後，也請將其他助動詞的意思及用法也一併學起來。以下便介紹幾個日常對話中常用的助動詞。

看圖學文法

基本形態

have to~ ＝必須～

may [might]~ ＝或許～

May [Can] I ~? ＝我可以～嗎？

You have to decide now.（你必須現在做決定。）

└兩個字為一組 └原形動詞

The rumor may be true.（謠言可能是真的。）

和 might 的意思幾乎相同┘ └be 動詞的原形

May I park here?（我可以在這裡停車嗎？）

└原形動詞

└雖然可以換成 can，但 may 較委婉有禮

這三個助動詞中，請把 have to 這兩個字想成是一組。have 的變化與一般動詞的 have 是一樣的形態，當主詞為**第三人稱單數現在式時為 has，過去式則是 had**。

讓我們透過例句確認一下這些助動詞的用法。

從例句學文法

- **We had to wait for an hour.**
  └過去式，表示「必須～」之意
  我們必須等一個小時。 ※wait for~：等待～

- **He has to find another job.**
  └主詞為第三人稱單數現在式，所以用 has
  他必須找另一份工作。

- **He may change his mind.**
  └也可以改用 might
  他或許會改變主意。 ※change one's mind：改變某人的主意

- **May I take a picture here?**
  └可以改用 can，但用 may 較委婉有禮
  我可以在這裡照張相嗎？

- **Our bus may not come on time.**
  └也可以改用 might
  我們的公車或許不會準時到站。 ※may 後面若加上 not，則為「或許不～」之意

助動詞的種類繁多，要全部記住並不容易，不妨可以透過逐一熟悉的方式掌握各助動詞的用法。

進階解說

「或許～」也可以用 might 表示

may 具有「可以～」、「或許～」兩個意思。might 則是 may 的過去式，各位可能會因此以為在使用上 might 就只用來表示「可以～」、「或許～」的過去式，不過實際上並非如此。在大部分的情況下，might 是「或許～」的意思，用來表示可能性較低的事物，在語氣上較為委婉有禮。各位若是覺得要分辨 may 與 might 的用法很麻煩，那就只先記住 might 表示「或許～」的意思也沒關係。

實戰練習

助動詞

Basic

現在請各位運用到目前為止學習過的各個助動詞用法，試著將下列的句子以英語表達出來。空格中須填入的單字，都有第一個字母作為提示（若單字不足三個字母則不會有任何提示）。對完答案後，請再次聆聽音檔，並在每個句子中文朗讀結束後、英語朗讀開始前的地方暫停，試著練習用英文把句子說出來。

1 我會唱這首歌。（➡P58）

I c___ s___ this s___ .

2 我無法相信那個說法。（➡P60）

I c___ b___ that s___ .

3 你能看到那座塔嗎？（➡P60）

C___ y___ s___ that tower?

4 我怎麼樣才能到達車站？（➡P60）

H___ c___ I g___ to the station?

5 我們應該現在就開始。（➡P62）

We s______ s______ right n______ .

6 我該幫你泡杯咖啡嗎？（➡P64）

S______ I m______ y______ some coffee?

7 我今天必須要加班。（➡P66）

I h______ ______ w______ overtime today.

8 那兩個女孩可能是姊妹。（➡P66）

Those two girls m______ ______ s______ .

Challenge

各位可藉由此練習測試自己是否真正學會先前所學的內容。對完答案後，請再次聆聽音檔，並在每個句子中文朗讀結束後、英語朗讀開始前的地方暫停，試著練習用英文把句子說出來。

1 我晚餐後應該要洗碗嗎？（➡P64）

2 我們必須跑到車站。（➡P66）

3 我可以借廁所嗎？（➡P66）

答案在 ➡P239

以現在進行式表示「正在做的事」

TRACK_25

快記！「正在～」是用〈be 動詞＋動詞 ing〉表示

現在進行式的基本句型

在 18～43 頁之中，我們學過了表示「現在」與「過去」的動詞形態。從本節開始，我們要看看更進階的用法。

本節將學習的是表示「（**現在**）**正在～**」的**現在進行式**。例如有人打電話來，要向對方表示「我現在正在看電視」時，就要使用下列的形態表達。

看圖學文法

基本形態

be 動詞 ＋ 動詞 ing ＝（現在）正在～

[is / am / are]

現在式　表示目前的習慣

I run every night.

（我每晚跑步。）

現在進行式　表示現在正在進行的動作

My sister is running now.

be 動詞　動詞 ing

（我姐姐現在正在跑步。）

相對於表示目前習慣的現在式，現在進行式則是表示「現在正在進行的動作」。

所謂的「**ing 形**」，是指**原形動詞加上 ing 後的形態**。例如 watch（看）的 ing 形為 watching。當主詞為 I 時，be 動詞就要用 am，再搭配 watching，即可組成 I am watching（我正在看～）的句子形態。

另外，原則上表示長久持續狀態的動詞，不會以進行式表達。例如 like（喜歡）、love（愛）、live（居住）、know（知道）、believe（相信）等皆屬於此類動詞。

那麼，就讓我們透過下列的例句確認實際的用法。

從例句學文法

- **I'm looking for a bus stop.**

  └I am 的縮寫　└look（尋找）的 ing 形

  我正在找公車站。

- **I am going to the library now.**

  └go（去）的 ing 形

  我現在正要去圖書館。

- **The phone is ringing.**

  └ring（〔鐘、鈴等〕鳴，響）的 ing 形

  電話正在響。

- **Our bus is coming.**

  └以 e 結尾的單字要去 e 加 ing

  我們的公車來了（正要進站）。

- **The kids are playing soccer outside.**

  └即使主詞為複數，ing 形仍相同

  孩子們正在外面踢足球。

- **We are having lunch now.**

  └這裡的 have 為「吃」的意思

  我們現在正在吃午餐。

以上是關於現在進行式的內容。看了這麼多的句子，各位應該已經知道該如何表達「現在正在做的事」了。

現在進行式的否定句及疑問句

TRACK_26

快記！ **無論是否定句還是疑問句，造句方式都與 be 動詞相同**

否定句及疑問句都與 be 動詞的造句方式相同

現在進行式的句子一定會用到 be 動詞。因此進行式的否定句及疑問句**皆適用 be 動詞的造句規則**。（➡ P20）

看圖學文法

原 句　The kids **are** playing video games.

（孩子們正在打電動。）

be 動詞後加 not

否定句　The kids **aren't** playing video games.

└ are not 的縮寫

（孩子們沒在打電動。）

are 移到主詞之前

Are the kids playing video games?

（孩子們正在打電動嗎？）

be 動詞的疑問句造句方式原則上是以＜be 動詞＋主詞＞的形態表示；進行式的疑問句則是以＜**be 動詞＋主詞＋動詞 ing**＞的形態表示，說話時要將句尾的音調提高。

另外，使用疑問詞造疑問句時，也是將疑問詞置於句首，並將句子以＜be 動詞＋主詞＋動詞 ing＞的形態表示，至於說話時句尾的音調則是要下降。

看圖學文法

基本形態

疑問詞 ＋ 現在進行式的疑問句 ？

疑問句 "**What** **are you drinking** ?"
（What：疑問詞；are you drinking：現在進行式的疑問句）

回答 "**I'm drinking non-alcohol beer.**"

「你在喝什麼？」／「我在喝無酒精啤酒。」

那麼，讓我們透過例句確認實際的用法。

從例句學文法

- **I'm not saying that.**
  └say 的 ing 形
  我不是在說那個。

- **The elevators aren't working.**
  └are not 的縮寫
  電梯沒在運轉。

- **Are you listening to me?**
  └放到主詞之前
  你在聽我說話嗎？

- **Why is that boy crying?**
  └放在疑問詞之後
  那個男孩為什麼在哭？

- **Where are you going?**
  └放在疑問詞之後
  你要去哪裡？

※be going：正要去～

學會如何造現在進行式的否定句及疑問句後，當日常對話中需要表達「現在沒在～」、「現在正在～嗎？」等意思時，就能立刻派上用場

表示過去時間點「正在做的事」的過去進行式基本句型

TRACK_27

快記！ **過去的動作要用〈be 動詞過去式＋動詞 ing〉**

如何造出過去進行式

就如我們在 32 頁介紹過的，be 動詞也有過去式。把現在進行式（正在進行～）中的 be 動詞改為過去式，是表示「**（當時）正在～**」之意，此一句型即為**過去進行式**。

看圖學文法

過去進行式是表示**「過去的某個時間點」正在進行的動作**。因此會像上述的例句一樣，**多數時候和 then（當時）這類指出過去的某個時間點的單字或片語搭配使用**。

另外，與現在進行式相同，原則上表示長久持續狀態的動詞，不會以過去進行式表達。

那麼就讓我們透過以下的例句確認過去進行式的用法。

從例句學文法

- I was taking a bath then.
  └主詞為 I，所以用 was　└表示過去的某個時間點
  我當時正在洗澡。

- It was snowing this morning.
  └主詞為 It，所以用 was　└表示過去的某個時間點
  今天早上在下雪。

- We were having a good time.
  └若為現在式就用 are，此句為過去式，故用 were
  我們（當時）玩得很開心。

- They were enjoying the party.
  └即使主詞為複數仍用 ing 形
  他們（當時）在派對上玩得很開心。

以上是過去進行式的文法規則中最重要的部分。各位若對現在進行式的句型有一定程度的概念，對於過去進行式的句型自然會比較容易理解。

進階解說

從對話的脈絡即可理解「過去的某個時間點」是指什麼時候

過去進行式是表示「在過去的某個時間點正在進行的動作」。而「過去的某個時間點」是指什麼時候，從對話的脈絡中即可得知。

「你為什麼沒接我的電話？」
「抱歉，我（當時）在洗澡」

以這個例子來說，正在洗澡的「當時」就是「過去的某個時間點（＝你打電話來時）」。因為在該時間點正在進行洗澡這個動作，所以要用過去進行式表達。

"Why didn't you answer my call?"
"Sorry. I was taking a shower (then)."

上述的句子若以過去式 I took a shower. 表達，就會變成「你打電話來的時候，我（沒接電話就去）洗澡了」這種奇怪的語意，所以一定要特別小心。

過去進行式的否定句及疑問句

TRACK_28

快記！ 無論是否定句還是疑問句，造句方式都與現在進行式相同

無論是否定句還是疑問句，都與現在進行式相同

過去進行式的否定句及疑問句，造句方式都與現在進行式完全相同。否定句要在 **was [were] 之後加上 not**；疑問句則**將 was [were] 移到主詞之前**，並在說話時將句尾的音調提高。

看圖學文法

原 句 He **was** driving then.

（他當時正在開車。）

否定句 He **was not** driving then.

將 not 放在 be 動詞之後

❶ 縮寫為 wasn't

（他當時沒有在開車。）

疑問句 **Was** he driving then?

was 移到主詞之前

（他當時正在開車嗎？）

以疑問詞造疑問句時，做法同現在進行式。說話時句尾的音調要下降。

看圖學文法

基本形態

疑問詞 ＋ 過去進行式的疑問句 ？

疑問句 "What were you doing this morning ?"

疑問詞　過去進行式的疑問句

回答 "I was watching DVDs."

「你今天早上在做什麼？」／「我（當時）在看 DVD。」

那麼，讓我們透過例句來確認實際的用法。

從例句學文法

- **I wasn't practicing very hard then.**
  └was not 的縮寫
  我當時沒很努力在練習。

- **It wasn't raining this morning.**
  └過去的某個時間點
  今天早上沒在下雨。

- **Was the dog barking?**
  └放到主詞之前
  那隻狗（當時）正在叫嗎？

- **Were you talking on the phone?**
  └放到主詞之前
  你（當時）在講電話嗎？

- **Who was driving the car?**
  └放在疑問詞之後 └drive 去 e 加 ing
  （當時）是誰在開車？

只要懂得使用過去進行式的否定句及疑問句，就能瞭解該如何向別人說明或詢問過去某個時間點的情況。

實戰練習

進行式

TRACK_29

Basic

現在請各位運用到目前為止學習過的進行式內容，試著將下列的句子以英語表達出來。空格中須填入的單字，都有第一個字母作為提示（若單字不足三個字母則不會有任何提示）。對完答案後，請再次聆聽音檔，並在每個句子中文朗讀結束後、英語朗讀開始前的地方暫停，試著練習用英文把句子說出來。

1 我們正在計劃一趟國外旅行。（➡P70）

We a___ p___ a trip o___.

2 我沒有在說他的壞話。（➡P72）

I___ n___ s___ bad things a___ him.

3 電扶梯現在沒有在運轉。（➡P72）

The escalator i___ w___ n___.

4 你在製作什麼嗎？（➡P72）

A___ y___ m___ something?

5 孩子們正在哪裡玩？（➡P72）

Where a______ the k______ p______ ?

6 我當時正在吃午餐。（➡P74）

I w______ h______ l______ then.

7 她當時沒戴眼鏡。（➡P76）

She w______ w______ g______ then.

8 你（當時）在和誰講電話？（➡P76）

W______ w______ y______ t______ to on the phone?

Challenge

各位可藉由此練習測試自己是否真正學會先前所學的內容。對完答案後，請再次聆聽音檔，並在每個句子中文朗讀結束後、英語朗讀開始前的地方暫停，試著練習用英文把句子說出來。

1 有人正在使用這台電腦嗎？（➡P72）

2 沒有人在聽講師說話。（➡P76）

3 你昨晚十點在做什麼？（➡P76）

答案在 ➡P240

可表示未來事件的 will 基本用法

TRACK_30

快記！ 若主詞為「我」，即表示「意志」，除此之外則為「推測」

表示未來即將發生的事的 will＋原形動詞

接下來要介紹的是**表達「未來（尚未發生）的事」的方式**。有幾種句型可用來表示未來的事，首先介紹的是使用 will 的句型。

以**＜will＋原形動詞＞**表達時，若主詞是**「我」**，則是表示**「我（現在下決心～）會～（意志）」**，**除此之外**則是表示**「大概～（推測）」**。

看圖學文法

基本形態

意志　I＋ will ＋原形動詞＝我現在下決心要做～

推測　I 以外＋ will ＋原形動詞＝（我想）〇〇大概會做～

意志　I will（意志） go shopping this afternoon.（I：主詞；go：原形動詞）

（我今天下午要去購物。）

推測　My mother will（推測） go shopping this afternoon.（My mother：I 以外的主詞；go：原形動詞）

（〔我想〕我母親今天下午會去購物。）

上述例句中的 I will，**在日常對話中通常會使用縮略形式 I'll**。至於表示推測的例句，可別誤以為該句是表示「我母親打算去購物」。該句例句的意思是指「我是這麼想的」，但或許母親本人並沒有想要去購物的意思。

那麼，就讓我們透過以下的例句確實辨別此句型用法上的差異。

從例句學文法

- **I'll get the phone.**
  └主詞為 I，所以是表意志
  我會接電話。

- **I'll come before six tomorrow.**
  └主詞為 I，所以是表意志
  我明天會在六點前來。

- **I'll pick you up.**
  └主詞為 I，所以是表意志
  我會來接你。
  ※pick up：去接（人）

- **She will help you.**
  └為 I 以外的主詞，所以是表推測
  她會幫助你。

- **He will become a comedian.**
  └為 I 以外的主詞，所以是表推測
  他會成為一個喜劇演員。

- **The rain will stop soon.**
  └為 I 以外的主詞，所以是表推測
  雨很快就會停了。
  ※soon：很快地、不久

以上就是＜will＋原形動詞＞的基本用法。will 的意思會因為主詞而異，請務必要確實記住表示意志和推測這兩個用法上的差別。

如何利用 will 造出否定句及疑問句

快記！ 無論是否定句還是疑問句，造句方式都與 can 相同

無論是否定句還是疑問句，造句方式都與 can 相同

will 也是助動詞的一種，所以否定句及疑問句的造句方式，也是採取和 can 相同的做法（➡ P60）。也就是說，**否定句是在 will 後面加上 not，疑問句則是將 will 移到主詞之前**。

看圖學文法

原句 I **will** go shopping this afternoon.
（我今天下午要去購物。）

在助動詞之後加 not

否定句 I **will not** go shopping this afternoon.
（我今天下午不會去購物。）

原句 He **will** come to the year-end party.
（尾牙他〔可能〕會到場。）

把助動詞移到主詞之前

疑問句 **Will** he come to the year-end party?
（尾牙他會到場嗎？）

上述例句中的 will not，在日常對話中大多會以縮略形式的 **won't** 表達。接下來，讓我們看一些否定句與疑問句的例句。

從例句學文法

- I won't change my mind.
  └主詞為 I，所以是表示意志
  我不會改變主意的。

- He won't agree with you.
  └I 以外的主詞，所以是表示推測
  他不會同意你的看法的。 ※agree with~：同意（某人）

- Will we be on time for the concert?
  └放到主詞之前
  我們會準時參加演唱會嗎？

- When will the game start?
  └放到疑問詞之後
  比賽什麼時候開始？
  ※若使用疑問詞造疑問句，疑問詞要放在句首，並以疑問句的形態接續。

即使是否定句或疑問句，**〈will＋原形動詞〉也一樣是用來表示意志或推測之意**。在閱讀例句時，請務必要特別注意這一點。

進階解說

特別注意 won't 的發音

用於 will 否定句中的 won't，是唸成 [wont]。例如 I won't~ 是表示「我沒有打算要～」的意思。而有另一個字的發音和 won't 的發音相似，就是 want（想要）。want 的發音是 [wɑnt]，英式發音為 [wɔnt]。I want to~ 是表示「我想要～」之意。

- **I won't buy the book.（我不會買那本書。）**
- **I want to buy the book.（我想買那本書。）**

畫線處的發音雖然很相似，但意思卻完全不一樣。在說話時請儘量做到正確發音。

可表示未來預定事項的 be going to 用法

TRACK_32

快記！ 「早有計畫要做的事」就用 be going to 表達

表示未來的 be going to＋原形動詞

未來式除了 will 之外，還有**＜be going to＋原形動詞＞**。go to school 是「去學校」的意思，而句中的 to 和 be going to 的 to 又是相同的意思，所以可以把這個用法想成是〈**朝向做～（to）＋前進（be going）**〉。此句型的基本意思如下所示，請記住它的用法。

看圖學文法

基本形態

be going to ＋原形動詞＝計畫要做～、將要～

He is going to move to Nagoya.

└主詞為 He 所以 be 動詞為 is

└原形動詞

（他即將搬到名古屋。）

上面的句子可以想成是「往搬家的方向前進→預定要搬家」。這個句子是表達他自己預定要做的事，所以與 He will move to Nagoya.（〔我想〕他會搬去名古屋）**在語意上還是有些不一樣**。

我們再看另一個例句。

從例句學文法

- We **are going to** have a meeting tomorrow.
  └主詞若為複數，be 動詞用 are
  我們明天將有一場會議。

上面的例句，即使用 We will have a meeting tomorrow.（我們明天會有一場會議）表達，**在語意上也沒有任何改變**。

will 與 be going to 的不同之處

I'll 與 I'm going to 有點不太一樣。就如 80 頁介紹過的，**I'll** 是表示「**當下決定要做的事**」，而 **I'm going to** 則是用來表達「**早有計畫要做的事**」。我們透過下圖比較看看。

看圖學文法

I'll buy this smartphone.
當下決定的事
（我要買這支智慧手機。）

I'm going to buy this smartphone.
早有計畫要做的事
（我將要買這支智慧手機。）

我們透過例句確認一下實際的用法。

從例句學文法

- **I'll** go to bed early tonight.
  └當下決定的事
  我今晚要早點上床睡覺。　※go to bed：上床睡覺

- **I'm going to** go camping this weekend.
  └早有計畫要做的事
  我這個週末將要去露營。

Part 1 未來式 3

如何造出 be going to 的否定句及疑問句

TRACK_33

快記！ 無論是否定句還是疑問句，造句方式都與 be 動詞相同

否定句及疑問句的造句方式都與 be 動詞一樣

be going to 的否定句及疑問句，造句方式都與 be 動詞相同。否定句**在 be 動詞後加 not**；疑問句則是**將 be 動詞移到主詞之前**，並在說話時將句尾的音調提高。

看圖學文法

原句 I'm going to buy this smartphone.

be 動詞（am）後加 not

（我將要買這隻智慧型手機。）

否定句 I'm not going to buy this smartphone.

（我不打算買這隻智慧型手機。）

我不買

原句 He is going to move to Nagoya.

be 動詞移到主詞之前

（他即將搬到名古屋。）

疑問句 Is he going to move to Nagoya?.

（他即將搬到名古屋嗎？）

使用疑問詞造疑問句時，造句方式也和搭配疑問詞的 be 動詞疑問句做法相同。說話時也要降低句尾的音調。

看圖學文法

基本形態

疑問詞 ＋ 以 be going to 所造的疑問句 ？

疑問句 "When are you going to leave Japan ?"

疑問詞　以 be going to 所造的疑問句

回 答 "Next month."

「你打算什麼時候離開日本？」／「下個月。」

那麼，就讓我們透過其他的例句確認一下上述的用法。

從例句學文法

- **I'm not going to go out today.**
  └放在 be 動詞之後
  我今天不打算外出。　※go out：外出

- **He isn't going to join us.**
  └is not 的縮寫
  他不打算加入我們。

- **We aren't going to lose.**
  └are not 的縮寫
  我們不打算輸。

- **Are you going to see the movie?**
  └放在主詞之前
  你打算去看那部電影嗎？

- **Where are you going to stay?**
  └放在疑問詞之後
  你打算要住在哪裡？

be going to 因為用了 be 動詞，所以造句的方式與 be 動詞句十分相似。正是因為如此，be 動詞才會這麼重要。

「未來預定事項」也可透過現在式及現在進行式表示

TRACK_34

快記！ 確定事項用現在式
預定事項用現在進行式

現在式及現在進行式也可用來表示未來的事

表達未來事項的句型，除了 will 及 be going to 以外，還有**現在式**及**現在進行式**，且都可改用 be going to 表達。

看圖學文法

現在式　如行事曆或時刻表這類已正式確定的未來事項

The game starts at six.
確定事項
（比賽六點開始。）

現在進行式　有「正準備」之意，表示「預定要做～」的未來事項

My uncle is coming to my house next Sunday.
預定計畫
（我叔叔下週日要來我家。）

上述的例句若改以 be going to 表達，第一句為 **The game is going to start at six.**；第二句是 **My uncle is going to come to my house next Sunday.**。

從例句學文法

- **The train arrives at 10:30.**
  └正式確定的預定事項，所以用現在式
  火車十點三十分到站。

- **The summer festival takes place on August 13.**
  └正式確定的預定事項，所以用現在式
  夏日祭典於八月三十日舉行。 ※take place：舉行（活動等）

- **I'm seeing a dentist this afternoon.**
  └下午預定要去看牙醫，所以用現在進行式
  我今天下午要去看牙醫。

- **When is the client coming?**
  └由於問的是預定計畫，所以用現在進行式
  客戶什麼時候會到？
  ※這句話的目的是詢問〈This client is coming＋日期和時間〉這個句子中的「日期和時間」

以現在（進行）式表達未來的事，各位一開始可能會覺得有些怪怪的，但隨著使用頻率增加，各位就會漸漸體認到這真是個方便好用的方法。

進階解說

句中必須要有表示「未來時間點」的單字或片語

用現在式或現在進行式來表示「預定」時，句中必須要有具體指出「預定在未來哪一個時間點」的單字或片語。

「我們下個星期一將進行數學測驗。」
→ We have a math test next Monday.

以這個句子來說，底線處為具體的時間點。這裡不能把時間點拿掉，只說 We have a math test.（否則就無法用來表示「預定有個數學測驗」的意思）。

「我們星期日將一起共進晚餐。」
→ We are having dinner together on Sunday.

上面這個句子的底線處為具體的時間點。如果把時間點拿掉，以 We are having dinner together. 表達，就會讓人誤以為是「我們現在正一起吃晚餐」的意思（亦即沒有「預定」的意涵）。

實戰練習

未來式

TRACK_35

Basic

現在請各位運用學習過的未來式相關內容，試著將下列的句子以英語表達出來。空格中須填入的單字，都有第一個字母作為提示（若單字不足三個字母則不會有任何提示）。對完答案後，請再次聆聽音檔，並在每個句子中文朗讀結束後、英語朗讀開始前的地方暫停，試著練習用英文把句子說出來。

1 我稍後會寄電子郵件給你。（➡P80）

I ___ email y___ l___ .

2 他會找到一份好工作。（➡P80）

He w___ f___ a g___ j___ .

3 我不會把我的車借給任何人。（➡P82）

I w___ l___ ___ c___ to anybody.

4 我不打算出國留學。（➡P86）

I'm n___ g___ ___ s___ abroad.

5 我們打算今年夏天去夏威夷。（➡P88）

_____ a_____ g_____ _____ Hawaii this summer.

6 我明天要和她一起吃晚餐。（➡P88）

I_____ h_____ d_____ w_____ her tomorrow.

7 會議什麼時候開始？（➡P88）

When d_____ the m_____ s_____?

8 你打算什麼時候搬家？（➡P88）

When a_____ y_____ g_____ _____ m_____?

Challenge

各位可藉由此練習測試自己是否真正學會先前所學的內容。對完答案後，請再次聆聽音檔，並在每個句子中文朗讀結束後、英語朗讀開始前的地方暫停，試著練習用英文把句子說出來。

1 我會和我上司談談那件事。（➡P80）

2 我明天將有一場求職面試。（➡P84）

3 她生日你打算送她什麼？（➡P86）

答案在 ➡P241

學會用來表示「被～」的被動態使用方法

TRACK_36

快記！「被～」以〈be 動詞＋過去分詞〉表示

被動態的表達方式

英語中有許多〈主詞＋做（動作）＋〇〇（名詞）〉型態的句子。將句中的「〇〇」改為主詞，就變成表示「**〇〇被～**」的句型，即稱為**「被動態」**。被動態的句型如下。

看圖學文法

這裡的「過去分詞」是動詞形態中的一種。總之請先記住這是**「用於被動態句型的動詞形態」**。

就如 36～43 頁的內容所見，一般動詞分為規則動詞與不規則動詞。像是 clean（打掃）這類**規則動詞的過去分詞，形態會與過去式相同**。而若是 eat 這類**不規則動詞**，則會如下表一樣，**以不規則的方式變化**。

確認 **規則動詞與不規則動詞的變化**

	原形	過去式	過去分詞
規則動詞	clean	cleaned	cleaned
不規則動詞	eat	ate	eaten

232 頁的表格收錄了一些重要且常用的不規則動詞，請儘量多使用表格中的動詞，以記住動詞的變化。我們再來看一些以被動態表達的句子。

從例句學文法

- **English is spoken by many people.**
  └主詞為單數，所以用 is
  很多人說英語（英語被很多人說）。 ※〈by＋人〉可表示「被人；由誰」

- **A lot of stars are seen at night here.**
  └主詞為複數，所以用 are
  這裡晚上看得到許多星星（星星被看到）。

- **The author is preferred by young people.**
  └prefer（偏好）的過去分詞
  這位作家受到年輕人的青睞（被年輕人偏愛）。

- **Green tea is widely grown in Shizuoka Prefecture.**
  └grow（種植）的過去分詞
  綠茶（被）廣泛種植於靜岡縣。

- **The store is closed on Sundays.**
  └close（關閉）的過去分詞
  這家店每週日休息（被關閉）。 ※Sunday 為複數時是表示「每週日」之意

- **Books are sometimes stolen from the library.**
  └steal（偷）的過去分詞
  書有時候會從圖書館被偷走。

這些例句當中的過去分詞，也會常出現在之後的其他例句中，最好盡快熟悉這些動詞的過去分詞形態。

被動態現在式的否定句及疑問句

TRACK_37

快記！ **無論是否定句或疑問句，造句方式都與 be 動詞相同**

無論是否定句還是疑問句，造句方式都與 be 動詞相同

<be 動詞＋α>形態的否定句及疑問句，可使用與 be 動詞否定句及疑問句相同的方式造句。70 頁的現在進行式（be 動詞＋ing 形）及 84 頁的 be going to 皆是如此。被動態的句型是以＜be 動詞＋過去分詞＞的形態表示，由於同樣是使用 be 動詞，所以否定句及疑問句都是**採用與 be 動詞造句相同的做法**。說這類疑問句時要將句尾的音調提高。

看圖學文法

原句 Smoking is ___ allowed here.
（在這裡吸煙是被允許的。）

在 be 動詞後加 not ↓

否定句 Smoking is **not** allowed here.
（在這裡吸煙是不被允許的。）

不被允許
→被動態的否定句

原句 The toilet **is** cleaned every day.
（廁所每天清掃。）

be 動詞移到主詞之前

疑問句 **Is** the toilet cleaned every day?
（廁所每天清掃嗎？）

正在清掃中嗎？
→被動態的疑問句

使用疑問詞造疑問句的方式，與 be 動詞句子完全相同。說話時要將句尾的語調下降。

看圖學文法

基本形態

疑問詞 ＋ 被動態的疑問句 ？

疑問句 "Where is the toy sold ?"

疑問詞　被動態的疑問句

回答 "At the department store."

「這玩具在哪裡販售？」／「在百貨公司。」

我們接著再來看一些相關的例句，這些例句皆可運用於日常生活中。

從例句學文法

- **The application isn't sold now.**
  └is not 的縮寫（isn't）
  現在沒有販售這個應用程式（應用程式沒被販售）。

- **Alcohol isn't served at lunchtime.**
  └serve（供應）的過去分詞
  午餐時間不提供酒精飲品（酒精飲料不被提供）。

- **These ants aren't seen in Japan.**
  └see（看）的過去分詞
  在日本看不到這些螞蟻（螞蟻不被看到）。

- **Is this proverb actually used?**
  └be 動詞放到主詞之前　└use（使用）的過去分詞
  真的有人會說這句諺語嗎（諺語被使用）？

- **Are these books sold at bookstores?**
  └主詞為複數所以用 are　└sell（銷售）的過去分詞
  這些書有在書店販售嗎（書本被販售）？

即使是被動態的否定句及疑問句也一樣，其實只要確實學會 be 動詞的相關用法，就不會覺得很困難。

被動態過去式的基本句型

TRACK_38

快記！與 be 動詞一樣，都是用 was、were

被動態過去式就是把 be 動詞改為過去式

被動態的 be 動詞也可以改成過去式。**主詞若為單數就用 was；若為複數就用 were**。如此一來即可表示「曾被～」之意。過去分詞則維持不變，使用與現在式句型中相同的形態即可。

基本形態

was / were＋過去分詞 ＝曾被～

動詞的過去式　　被變更的事物

原句　They changed the schedule .

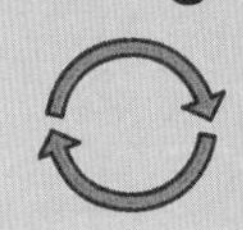

（他們變更了預定行程。）

以被變更的事物作為主詞　　動詞轉為 be 動詞過去式＋過去分詞

被動態　The schedule was changed .

└be 動詞過去式　└過去分詞

預定行程被變更了

（預定行程被變更了。）

那麼，讓我們透過例句，確認被動態過去式實際上該如何使用。

從例句學文法

- **This car was made in Italy.**
  └主詞為單數，所以用 was
  這輛車是義大利製的（在義大利被製造）。

- **We were taught by Ms. Ikeda.**
  └主詞為複數，所以用 were
  我們給 Ikeda 小姐教過（我們被教過）。

- **Five people were injured in the accident.**
  └當句中「被～」的語氣較弱時，大多會使用 by 以外的介系詞
  五個人在這次事故中受了傷（人被傷到）。

- **The museum was designed by a famous architect.**
  └〈by＋人〉是表示「由～」
  這座博物館是由知名設計師所設計的（博物館被設計）。

- **We were impressed by the beautiful sea.**
  └impress（使〔人〕感動）的過去分詞
  我們受美麗的大海感動（我們被感動）。

Part 1 被動態 3

各位覺得如何呢？只要搞懂被動態的現在式，過去式也就不難理解了。

進階解說

「在～製造」要用 was made in 表示

「這輛車是義大利製的」若以中文來思考的話，就會覺得像是「現在」正在聊的話題，所以就可能會說成 This car is made in Italy.，但正確來說，車子是在過去被製造出來的，所以應該是 This car was made in Italy.（這輛車是〔之前〕在義大利製造的）。這句話中的車子，是指某一輛特定的車子。

若非指特定的某一輛車，而是像「這款車是在義大利製造的」這句一樣，是泛指某一種車款時，則要說成 This (type of) car is made in Italy.。

被動態過去式的否定句及疑問句

快記！ 無論是否定句或疑問句，造句方式都與現在式相同

無論是否定句或疑問句，造句方式都與現在式相同

被動態過去式的否定句及疑問句，可以使用與現在式的否定句及疑問句相同的方式造句。**否定句是在 was [were] 之後加 not，以 wasn't [weren't] 表示。疑問句則是將 was [were] 放到主詞之前**，並在說話時將句尾的音調提高。

看圖學文法

原句 The schedule **was** changed.（行程被變更了。）

在 be 動詞後加 not

否定句 The schedule **wasn't** changed.（行程並未被變更。）

原句 The game **was** canceled.（比賽被取消了。）

be 動詞移到主詞之前

疑問句 **Was** the game canceled?（比賽被取消了嗎？）

使用疑問詞造疑問句的方式與現在式完全相同。說話時要將句尾的音調降低。

看圖學文法

基本形態

疑問詞 ＋ 被動態過去式的疑問句 ？

疑問句 "When was this house built?"

（When：疑問詞；was this house built：被動態過去式的疑問句）

回答 "Last year."

「這間房子什麼時候建造的？」／「去年。」

那麼，我們透過例句來確認一下實際的用法。

從例句學文法

- **The missing key wasn't found.**
  └wasn't：was not 的縮寫
  不見的鑰匙沒找到。 ※missing：失蹤的、找不到的

- **Was the air-conditioner repaired?**
  └Was：放到主詞之前
  空調修好了嗎？

- **Why was the schedule changed?**
  └was：放在疑問詞之後　└changed：change（改變）加上 d
  為什麼行程改變了？

- **When was this device invented?**
  └was：放在疑問詞之後
  這項裝置是什麼時候發明的？

- **Where was this carpet made?**
  └was：放在疑問詞之後　└made：make（製造）的過去分詞
  這張地毯是在哪裡製造的？

只要搞懂被動態現在式的用法，否定句及疑問句就只需將 be 動詞的部分改為過去式即可。

實戰練習

被動態

Basic

現在請各位運用先前學習過的被動態相關內容，試著將下列的句子以英語表達出來。空格中須填入的單字，都有第一個字母作為提示（若單字不足三個字母則不會有任何提示）。對完答案後，請再次聆聽音檔，並在每個句子中文朗讀結束後、英語朗讀開始前的地方暫停，試著練習用英文把句子說出來。

1 床單每天更換。（➡P92）

The sheets a____ c____ e____ d____.

2 這些應用程式很多人用。（➡P92）

These apps a____ u____ ____ m____ p____.

3 這間廚房總是維持得很乾淨。（➡P92）

The kitchen ____ always k____ c____.

4 這些產品並未在日本販售。（➡P94）

These products a____ s____ ____ J____.

5 我對這個消息感到驚訝。（➡P96）

I w＿＿ surprised ＿＿ the news.

6 不幸地，我的名字沒被叫到。（➡P98）

Unfortunately, ＿＿ n＿＿ w＿＿ c＿＿.

7 這張照片是什麼時候照的？（➡P98）

When w＿＿ t＿＿ p＿＿ t＿＿?

8 這間教堂是什麼時候建造的？（➡P98）

When w＿＿ t＿＿ c＿＿ b＿＿?

Challenge

各位可藉由此練習測試自己是否真正學會先前所學的內容。對完答案後，請再次聆聽音檔，並在每個句子中文朗讀結束後、英語朗讀開始前的地方暫停，試著練習用英文把句子說出來。

1 這台舊電腦現在沒在用。（➡P94）

2 你的腳踏車是在哪裡被偷的？（➡P98）

3 今天的比賽延期了嗎？（➡P98）

答案在 ➡P242

使用現在完成式即可表示「由過去開始的動作持續至今」

TRACK_41

快記！ 〈have / has＋過去分詞〉＝由過去開始到現在為止的狀態

現在完成式是表示現在的狀態

本節要學的是動詞形態之一的現在完成式。這是說中文的讀者容易弄錯的形態，所以要特別留心。

首先，現在完成式的基本形態是**<have / has＋過去分詞>＝「由過去開始到現在為止的狀態」**。**過去分詞**除了用在被動態的句型中（➡ P92），代表「被～」的意思之外，**還含有「～（的行為或狀態）完結」的意思**，因此像 have eaten 就是表示「吃的行為已完結且狀態一直持續到現在」。

看圖學文法

基本形態

have / has ＋ 過去分詞 ＝由過去開始到現在為止的狀態

I have eaten lunch. （我已經吃過午餐了。）

eat 的過去分詞

這就是現在完成式所表達的狀態！

例句中 have eaten lunch 的意思是「吃完中餐的狀態持續到現在（所以現在肚子還很飽）」。正如同例句所示，**現在完成式是用來表示現在的狀態**，請務必確實理解這一點。

另外，若主詞為第三人稱單數，就要把 have 改為 has。

He has lived here for five years.

└第三人稱單數

（他已經在這裡住了五年了。）

【參考】這一句表示目前的狀態是「他現在仍住在此處」。若是將這個句子改成過去式的 **He lived** here for five years.，就會變成「他在這裡住了五年（但現在已經不住在這裡）」的意思，也就是變成表達過去事實的句子。

為了讓各位更熟悉現在完成式的句型與基本語意，我們再看幾個例句。至於其他相關的使用細節則留待後續再做介紹。

從例句學文法

- **I have read your email.**

  └完結

  我已經讀過你的電子郵件了（➡ P111）。

- **She has visited Kyoto many times.**

  └經驗

  她已經造訪過京都好幾次了（➡ P108）。

- **I have worked here for seven years.**

  └持續

  我已經在這裡工作了七年了（➡ P106）。

- **I have finished writing the report.**

  └完結

  我已經把報告寫完了（➡ P111）。

上面的例句中，共分為完結、經驗、持續三大用法。不過請千萬別忘記，這些都是用來表示「現在的狀態」的句型。

現在完成式的否定句及疑問句

TRACK_42

快記！ 否定句是 have＋not
疑問句是把 have 移到主詞之前

無論是否定句或疑問句，都與 be 動詞句相同

接著我們要試著造現在完成式的否定句及疑問句。做法很簡單，只要想著**「現在完成式的 have 就等同於 be 動詞」**即可，主要的重點如下表所示。

☑ 確認 **be 動詞句與現在完成式的否定句及疑問句**

	be 動詞句	現在完成式
否定句	be 動詞＋not	have＋not（haven't）
疑問句	把 be 動詞放在主詞之前	把 have 放在主詞之前

接著再讓我們透過圖解瞭解實際上該怎麼做。

看圖學文法

I **have** eaten lunch.

（我「已經」吃過午餐了。）

否定句 I **haven't** eaten lunch.

└在 have 之後加 not

（我「還沒」吃午餐。）

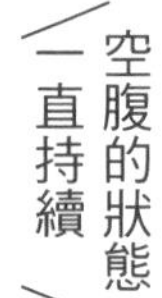

Have you eaten lunch?

└have 移到主詞之前

（你「已經」吃過午餐了嗎？）

另外，在日常對話中經常會使用 I have → I've 的縮略形態表達。搭配各主詞的縮略形態如下表所示。

記起來 **使用 have 的縮寫**

I have	I've	he has	he's
you have	you've	she has	she's
we have	we've	have not	haven't
they have	they've	has not	hasn't

為了讓各位更熟悉否定句及疑問句的句型，我們再看一些例句。

從例句學文法

- **I haven't finished my work.**
  └have not 的縮寫
  我還沒完成我的工作。

- **He hasn't called me.**
  └has not 的縮寫
  他還沒打電話給我。

- **Have you seen the DVD?**
  └主詞之前
  你已經看過那片 DVD 了嗎？

- **Have you got a ticket?**

  └get（取得～）的過去分詞
  你已經拿到票了嗎？

- **Has he left the office?**
  └主詞為第三人稱單數，所以用 has
  他已經離開辦公室了嗎？

- **Has the data been saved?**
  └be 動詞的過去分詞
  資料已經保存下來了嗎？

如此一來，各位應該已充份瞭解要如何造出現在完成式的基本句、否定句及疑問句了。接下來我們將學習與現在完成式有關的各種用法。

表示過去開始的動作持續至今的現在完成進行式

TRACK_43

快記！ 以〈have / has＋過去分詞〉表示「持續」

表示「持續」的現在完成式

就如同 102 頁所介紹的，現在完成式基本上是表示「由過去開始到現在為止的狀態」。不過一般而言要分為三種用法來解釋，也就是**「持續」**、**「經驗」**、**「完結（結果）」**。

本節將介紹的是現在完成式「持續」的這個用法，表示**「～的狀態（由過去到現在）一直持續著」**。

看圖學文法

I have known her for ten years.

know 的過去分詞

（我已經認識她十年了。〔我在這十年之間一直都認識她〕）

像這個例句一樣表示持續的現在完成式，基本上都會和 **for（～的期間）**或 **since（自從～）**一起搭配使用。下面的例句是用 since。

從例句學文法

- **He has lived here since 2010.**

  └live（居住）是表示狀態，所以用現在完成式

  他從 2010 年就一直住在這裡。

表示「持續」的現在完成進行式

除了上述的現在完成式之外，還有**現在完成進行式**可用來表示持續。

看圖學文法

基本形態

have / has ＋ been＋-ing 形 ＝（從過去開始至今）一直持續著

I have been cooking
（cook 的 ing 形）

since this morning.
（我從今天早上就一直在煮飯了。）

這個句型可以想成是〈現在完成式（have＋過去分詞）＋進行式（be 動詞＋-ing）〉。將這兩種句型以「加法」加在一起後，□的部分就會融合在一起，變成〈**have＋be 動詞的過去分詞（been）＋-ing**〉。

讓我們透過例句來看看這個用法。

從例句學文法

- We've been waiting for nearly an hour.
  （wait 是動作，所以用現在完成進行式）
  我們已經等了將近一個小時了。

這兩種句型的使用時機如下所示。

- **「～的狀態至今仍一直持續」➔ 現在完成式**
- **「～的動作至今仍一直持續」➔ 現在完成進行式**

例如 know（知道）或 live（居住）都是**「狀態」**，所以要用 have known / lived（**現在完成式**）表示。另一方面，cook（烹飪）是**「動作」**，所以要用 have been cooking（**現在完成進行式**）表示。使用時要特別留意是狀態還是動作，並以此為依據，選用可正確表達的句型。

可用來表示「經驗」的現在完成式

TRACK_44

快記！ 以〈have / has＋過去分詞〉表示「經驗」

表示「經驗」的現在完成式

現在完成式也可用來表示「**有過～的經驗**」。例如 have eaten 就是表示「吃過」這個**經驗**。

看圖學文法

I have eaten Thai food before.

eat 的過去分詞

（我以前曾吃過泰式料理。）

接著我們再看幾個例句。

從例句學文法

- **I've used this software before.**
  └use 的過去分詞　└經驗發生的時間點
  我以前曾使用過這套軟體。
  ※before：以前

- **I've visited Paris many times.**
  └visit 的過去分詞　└經驗的次數
  我曾多次造訪過巴黎。
  ※次數的表達方式 ➡ P110

表示「經驗」的否定句及疑問句

接著是否定句及疑問句。表示經驗的現在完成式，否定句並不會用 not 表達，而是改用 **never（從未）**，而疑問句則常用 **ever（曾經）**表達。

看圖學文法

讓我們再透過以下的幾個例句，熟悉一下此句型的用法。

從例句學文法

- **I've never seen a soccer game at a stadium.**
  └改以 never 代替 not
  我從未在體育場內看過足球賽。

- **My mother has never been in a hospital.**
  └主詞為第三人稱單數，所以用 has
  我母親從未住過院。

- **Have you ever traveled by ship?**
  └主詞之前 └由於是詢問至今的經驗，所以要用 ever
  你曾坐船旅遊過嗎？
  ※〈by＋交通工具〉是表示交通方式

此外，**「曾去過～」**的經驗要用 **have / has been to~** 表示，請把此句型記下來。

看圖學文法

基本形態

have / has ＋ been to~ ＝曾經去過～

I've been to Hawaii twice.

└ ❶ 雖然中文是「去」，但此處並非用 go 的過去分詞 gone

（我曾去過夏威夷兩次。）

那麼，我們再看看其他例句。

從例句學文法

- **I've been to New York once.**
  └ 這裡不用 gone
  我曾去過紐約一次。

- **I've never been to India.**
  └ 不用 not　└ 表示「往～」要用 to
  我從未去過印度。

- **Have you ever been to Vietnam?**
  └ 由於是詢問經驗，所以要用 ever
  你曾去過越南嗎？

下一節總算要介紹現在完成式的最後一個用法了。

進階解說

「～次」的表達方式

表示經驗的句子經常會和次數一起搭配使用，次數的表達方式如下表所示。

一次	once / one time	兩次	twice / two times
三次	three times	四次	four times
好幾次	many times	幾次？	How many times~?

可用來表示「完結」的現在完成式

TRACK_45

快記！ 以〈have / has＋過去分詞〉表示「完結（結果）」

表示「完結（結果）」的現在完成式

到目前為止，我們看過了表示「持續」及「經驗」的例句。最後要介紹的是表示**「完結（結果）」**的現在完成式相關用法。

看圖學文法

基本形態

I 've (already) ＋ 過去分詞 ＝已經～了

過去分詞

I 've already bought a ticket. （我已經買了票了。）

上述例句是表示「買了票」這件在過去完結的事，狀態至今仍持續著。**already 是「已經、先前」的意思**。雖然少了這個字也一樣可以表示「完結（結果）」的意思，但當想要強調「提早結束」的語意時，就會搭配 already 一起使用。我們再看另一個例句。

從例句學文法

表示預訂已經完成

- **I've already booked the flight.** 我已經預訂好機票了。

表示「完結」的否定句及疑問句

否定句及疑問句會**以 yet** 代替 already。yet 若放在否定句是表示「還沒（完結）」的意思，放在疑問句則表示「已經（完結了嗎？）」。

看圖學文法

否定句　I haven't＋過去分詞…（yet）＝～還沒完結

疑問句　Have you＋過去分詞…（yet）？＝～已經完結了嗎？

否定句　I haven't **bought** a ticket yet.（過去分詞：bought）

（我還沒買票。）

疑問句　Have you bought a ticket yet?

（你已經買了票了嗎？）

否定句是表示「尚未完結的狀態」，疑問句則是用來詢問「是否完結」。讓我們透過例句實際確認一下。

從例句學文法

● I haven't decided yet.

└have not 的縮寫　└表「尚未」之意

我還沒有決定。

● I haven't seen the movie yet.
└see（看）的過去分詞

我還沒有看過那部電影。

● Have you emailed her yet?
└email 的過去分詞 └表「已經」之意

你已經寄電子郵件給她了嗎？ ※email~：寄電子郵件給（人）

● Have you ordered yet?
└order（訂購）的過去分詞

你已經點餐了嗎？

在日常對話中，表示「完結」的現在完成式經常會以過去式代替。我們來看看下面這組例句。

從例句學文法

● "Is there anything wrong with you?"
"Yes. I caught a cold."
└與 I've caught 的語意相同

「你哪裡不舒服嗎？」／「是，我感冒了。」

進階解說

現在完成式之總整理

我們將到目前為止介紹過的現在完成式的基本用法，以例句的形式彙整於下方的表格中。

	肯定句	否定句	疑問句
持續	I've been feeling sick since morning.（我從早上就一直覺得不舒服。）	I haven't been feeling well since morning.（我從早上就一直覺得不舒服。）	Have you been feeling sick since morning?（你從早上就一直覺得不舒服嗎？）
經驗	I've been to China.（我曾去過中國。）	I've never been to China.（我從未去過中國。）	Have you ever been to China?（你曾去過中國嗎？）
完結	I've already had lunch.（我已經吃過午餐了。）	I haven't had lunch yet.（我還沒吃午餐。）	Have you had lunch yet?（你已經吃過午餐了嗎？）

Part 1 完成式 5

「比過去某件事更早發生的事」可用過去完成式表示

TRACK_46

快記！ 〈had＋過去分詞〉
表示「比過去更早的過去」

過去完成式要與過去式的動詞搭配使用

相對於現在完成式，還有一種名為過去完成式的句型。各位在高中的英語課應該都學過過去完成式的各種用法。其中最常應用在日常對話中的，就是以過去完成式〈**had＋過去分詞**〉表示「**比過去更早的過去**」的用法。

要理解過去完成式，就必須先瞭解**時態一致性**這條規則。接著便透過以下的例句說明。

看圖學文法

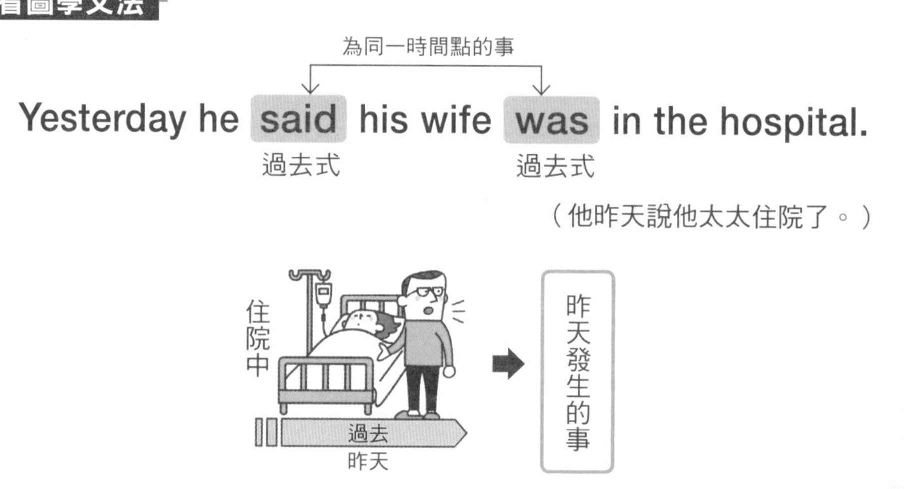

上面的例句中，在他「說出太太住院這件事」的這個時間點，他太太人就在醫院裡，所以要用過去式的 was。這表示**當前面的動詞為過去式，則與前面的動詞相同時間點發生的事，也得用過去式表示。**這就是**時態一致性**的例子。

那麼，下面這個例句又是如何呢？

看圖學文法

Yesterday he said his wife had been in the hospital.

（他昨天說他太太之前一直在住院。）

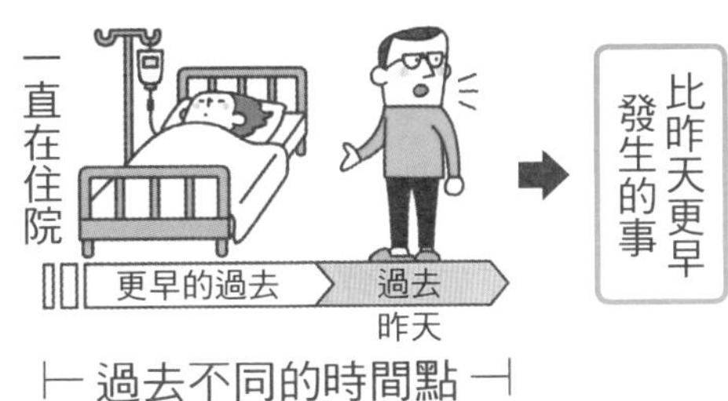

在上面的例句中，「他的太太住院」是發生在比「他說出這件事」時（昨天）更早的時間點，也就是**「比過去更早的過去」**，像這樣的情形就要用**過去完成式**表達。當**前面有過去式的動詞時，過去完成式是用來表示比前面的過去式更早之前發生的事**。

讓我們透過例句確認實際的用法。

從例句學文法

- **He said he had worked in the U.S. before.**
  said └過去　had worked └更早的過去
  他說他之前曾在美國工作過。

- **I realized I had made a big mistake.**
  realized └過去　had made └更早的過去
  我意識到自己犯了個大錯。　※make a mistake：犯錯

- **The boss knew we had skipped the meeting.**
  knew └過去　had skipped └更早的過去
  老闆知道我們蹺掉了會議。

- **I remembered I had seen her before.**
  remembered └過去　had seen └更早的過去
  我記得以前見過她。

由上述的例句可知，此種型態的過去完成式不會單獨使用。當在使用這個用法時，前面會先有一個過去式的動詞。

開口說英語！

實戰練習

完成式

TRACK_47

Basic

現在請各位運用到目前為止學過的完成式相關內容，仔細思考並斷判下列句子所描述的是「持續」、「經驗」還是「結果」，並試著將句子以英語表達出來。空格中須填入的單字，都有第一個字母作為提示（若單字不足三個字母則不會有任何提示）。對完答案後，請再次聆聽音檔，並在每個句子中文朗讀結束後、英語朗讀開始前的地方暫停，試著練習用英文把句子說出來。

1 我已忘記自己的密碼了。（➡P102）

I h____ f________ my password.

2 你一點都沒變。（➡P102）

You h____ c________ a bit.

3 你已經確認過數據資料了嗎？（➡P104）

H____ y____ c________ the data?

4 我已在這個鎮上住了十年了。（➡P106）

I h____ l____ ____ this town f__ ten years.

5 她從星期一以來就一直很忙。（➡P106）

She h　　b　　b　　since Monday.

6 我之前曾聽過這首歌。（➡P108）

I　　h　　this song b　　.

7 我從未去過新加坡。（➡P108）

I　　n　　b　　　　Singapore.

8 你已經打過電話給她了嗎？（➡P111）

H　　y　　c　　her y　　?

Challenge

各位可藉由此練習測試自己是否真正學會先前所學的內容。對完答案後，請再次聆聽音檔，並在每個句子中文朗讀結束後、英語朗讀開始前的地方暫停，試著練習用英文把句子說出來。

1 我從今天早上就一直覺得不舒服。（➡P106）

2 你曾玩過這個遊戲嗎？（➡P108）

3 你曾去過這間博物館嗎？（➡P108）

答案在 ➡P243

活用 live 型、taste 型、like 型的一般動詞

TRACK_48

快記！ 重點在於「後面接續的詞類」

最常見的是「後接名詞」的動詞類型

英語的動詞可以依據「**後面接續的詞類**」來判斷屬於哪一種類型。例如 be 動詞的後面會接續名詞或形容詞，像是 I'm a doctor.（我是一名醫生）或是 I'm sick.（我覺得不舒服）。

一般動詞大致分為數種類型，本節就先介紹下列三種。

確認 live 型、taste 型、like 型

	後面接續的主要詞類	該類型主要的動詞
live 型	介系詞	come（來）、go（去）、live（居住）、stay（停留）、walk（走路）
taste 型	形容詞	become（成為）、feel（感覺）、look（看）、smell（聞）、taste（品嚐）
like 型	名詞※	eat（吃）、have（擁有）、like（喜歡）、make（製造）、meet（遇見）

※「名詞」的範疇內也包括代名詞

首先是 live 型的動詞。例如要以英語表達「我住在橫濱」時，在 live 後面就會接續介系詞 in，以 I live in Yokohama. 表示。

接著再看看 taste 型的例子。如果要用英語的 taste 表達「這塊蛋糕好好吃」，該怎麼說呢？這時就要在 taste 後面接續形容詞 good，以 This cake tastes good. 表示。

最後是 like 型。如果要以英語表達「他喜歡貓」時，該怎麼說？沒錯，就是在 like 之後接續名詞 cats，以 He likes cats. 表示。

這三種類型之中，**數量最多的是 like 型的動詞**。接著就以圖解的方式分別介紹這三種類型的動詞。

看圖學文法

live 型　My uncle lives **in** Hokkaido.
介系詞　（我的叔叔住在北海道。）

taste 型　This sushi tastes **good** .
形容詞　（這個壽司很好吃。）

like 型　I like **kabuki** .
名詞　（我喜歡歌舞伎。）

我們來看看以其他動詞造的例句，閱讀例句的同時，請留意該例句的動詞屬於哪一種類型。

從例句學文法

- We often go to that cafe.
  live 型：go　後接介系詞：to
  我們常去那間咖啡廳。

- I usually stay at a no-frills hotel.
  live 型：stay　後接介系詞：at
  我通常都住在廉價旅館。

- I walk in the park every Sunday.
  live 型：walk　後接介系詞：in
  我每週日都在公園散步。

- I have a big sister.
  like 型：have　後接名詞：a big sister
  我有一個姊姊。

- We are making a doghouse.
  like 型：making　後接名詞：a doghouse
  我們正在建造狗屋。

以上介紹的是三種一般動詞的類型，接下來將介紹其他的動詞類型。

認識 give 型、make 型的一般動詞用法

TRACK_49

快記！ 部分類型的動詞後面會接續兩項要素

〈後接名詞＋α〉的動詞

接著要介紹的還是動詞的類型，下列的兩種類型也請一併記起來。

確認 **give 型、make 型**

	後面接續的主要詞語	該類型主要的動詞
give 型	名詞「人」 ＋名詞「物」	give（給予）、lend（借出）、send（發送）、show（給～看）
make 型	名詞＋形容詞	find（發現）、make（使得）、keep（保持〔某一狀態〕）、leave（使處於某種狀態）

※「名詞」也包括代名詞在內

接著就以圖解的方式分別介紹這兩種類型的動詞。

看圖學文法

give 型 She gave **me** **a souvenir**.
代名詞〔人〕 名詞〔物〕
（她給了我一個紀念品。）

make 型 Her smile makes **me** **happy**.
代名詞 形容詞
（她的笑容讓我很幸福。）

give 型的動詞要搭配「人」與「物」一起使用，但也可以用＜物＋to＋人＞的形態表示。

She gave me a souvenir.
（me：人　a souvenir：物）

→She gave a souvenir to me.
（a souvenir：物　me：人）

我們再看看其他例句，請留意句中的動詞是 give 型還是 make 型。

從例句學文法

- **He showed us his album.**
  give 型┘ └名詞（人） └名詞（物）
  他給我們看他的相簿。

- **I sent her a birthday card.**
  give 型┘ └名詞（人） └名詞（物）
  我寄給她一張生日卡片。

- **I'll lend you my umbrella.**
  give 型┘ └名詞（人） └名詞（物）
  我會借你我的雨傘。

- **I'll make you some coffee.**
  make 型┘ └名詞 └名詞
  我會幫你泡點咖啡。

- **I found the box empty.**
  make 型┘ └名詞 └形容詞
  我發現盒子是空的。

- **She always keeps the kitchen clean.**
  make 型┘ └名詞 └形容詞
  她總是保持廚房整潔。

雖然這樣分類記住很重要，但實際上**一個動詞可能會有多種用法**。例如 walk 若用在 I walked in the park，是「我在公園散了步」的意思，屬於 live 型的用法；但也可以後接名詞，用在 I walked my dog.（我溜了狗）中，此即為 like 型的用法。**平日常用的動詞常會有多種用法**，所以在熟悉各別動詞基本的用法後，也要學習這些動詞的其他用法。

實戰練習

動詞的種類

TRACK_50

Basic

現在請各位一邊思考各句中動詞的所屬類型，一邊試著將下列的句子以英語表達出來。空格中須填入的單字，都有第一個字母作為提示（若單字不足三個字母則不會有任何提示）。對完答案後，請再次聆聽音檔，並在每個句子中文朗讀結束後、英語朗讀開始前的地方暫停，試著練習用英文把句子說出來。

1 我們步行至車站。（➡P118）

We w_____ _____ t_____ s_____.

2 我今年夏天跟我叔叔一起住。（➡P118）

I s_____ w_____ _____ u_____ this summer.

3 這顆橘子嚐起來很酸。（➡P118）

This tangerine t_____ s_____.

4 這碗湯聞起來很好喝。（➡P118）

This s_____ s_____ t_____.

5 讓我們向她保守這個祕密。（➡P120）

Let's k　　t　　s　　f　　her.

6 可以請你出示你的身分證嗎？（➡P120）

C　　y　　s　　　　y　　ID card, please?

7 他把他的手機借給我了。（➡P120）

He l　　　　h　　c　　.

8 這本書讓它的作者聲名大噪。（➡P120）

This book h　　m　　i　　w　　f　　.

Challenge

各位可藉由此練習測試自己是否真正學會先前所學的內容。對完答案後，請再次聆聽音檔，並在每個句子中文朗讀結束後、英語朗讀開始前的地方暫停，試著練習用英文把句子說出來。

1 為什麼他看起來這麼睏？（➡P118）

2 可以請你告訴我郵局要怎麼走嗎？（➡P120）

3 不要讓窗戶開著不關。（➡P120）

答案在 ➡P244

專門用來代替人物的人稱代名詞基本用法

TRACK_51

快記！ 因應句中的作用而改變形態

名詞及代名詞的三種形態

接著將介紹代名詞。就如 11 頁提過的，所謂的代名詞是「**用來代替名詞的詞類**」。例如當我們指著 Judy 說：「她（she）～」時，she 就是用來代替 Judy 的代名詞。

各位是否還記得，中學時曾背誦過、像是某種神秘咒語的 I-my-me-mine 呢？本節就是要解釋這些到底是什麼意思。

英語的名詞及代名詞有三種形態，分別是**主格、所有格、受格**。

確認 **名詞及代名詞的形態**

形態名稱	代表的意義	名詞格位範例	代名詞格位範例
主格	做出行為的人（主詞）	Tom 湯姆（主詞）	I 我（主詞）
所有格	表示所有權（～的）	Tom's 湯姆的	my 我的
受格	接受行為的對象（受詞）	Tom 湯姆	me 我

※名詞的所有格是在名詞之後加上「's」。

主格是指**名詞作為句子主詞時的形態**，表示做出行為的人；**所有格**是放在名詞前表示所有權**「～的」**之形態；而**受格**則是放在如 118 頁的 like 型或 120 頁的 give 型這些**動詞之後的名詞〔代名詞〕形態**，用來表示接受行為的對象。此外，這些名詞〔代名詞〕也會以受格的形態放在**介系詞之後**使用。

我們再看一次上面的表格。這樣各位就可以知道 I 是主格，my 是所有格，me 是受格。接著以圖解的方式，介紹英語中非常重要的受格用法。

看圖學文法

- 動詞 ＋ 受格
- 介系詞 ＋ 受格

like 型 I love her.（動詞：love；代名詞・受格：her）

（我愛她。）

give 型 I sent an e-mail to him today.（介系詞：to；代名詞・受格：him）

（我今天寄了一封電子郵件給他。）

下面例句中可以看到一些常用的代名詞。閱讀例句時，請特別留意這些代名詞在例句中的位置。

從例句學文法

- **Is that your hotel?**
  └放在名詞之前，所以是所有格
  這是你（住）的飯店嗎？

- **That's not his fault.**
  └放在名詞之前，所以是所有格
  那不是他的錯。

- 
  Excuse me.
  └置於動詞之後，所以是受格
  不好意思（原諒我）。

除了這三種形態以外，還有**一種形態是表示「～的物品」**之意。

那就是 I-my-me-mine 當中的 mine。mine 是「**我的〇〇**」的意思，**〇〇所代表的是雙方都知道了的事物**。

看圖學文法

疑問句 "Is this **your sister's bag** ?"

↓ 彼此都知道了，所以改用代名詞表示

否定句 "No, it's **mine** ."

└我的物品＝my bag

「這是你姐姐（妹妹）的包包嗎？」／「不是，是我的（包包）。」

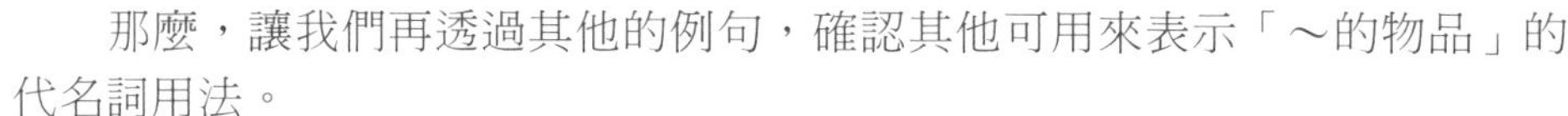

那麼，讓我們再透過其他的例句，確認其他可用來表示「～的物品」的代名詞用法。

從例句學文法

- **Is that red car yours?**
  └意思是 your car
  那部紅色的車是你的嗎？

- **The pleasure is mine.**
  └意思是 my pleasure
  是我的榮幸。

- **"Is this Kaori's bag?" "Yes, it's hers."**
  └意思是 her bag
  「這是 Kaori 的包包嗎？」／「對，是她的。」

- **Their culture is similar to ours.**
  └意思是 our culture
  他們的文化和我們的很相似。

- **My opinion is different from theirs.**
  └意思是 their opinions
  我的看法與他們的不同。

到目前為止介紹過的所有代名詞整理如下。

記起來 **人稱代名詞一覽表**

	人稱	主格	所有格	受格	～的物品
單數	第一人稱	I 我	my 我的	me 我 （接受行為的對象）	mine 我的物品
	第二人稱	you 你	your 你的	you 你 （接受行為的對象）	yours 你的物品
	第三人稱	he 他 she 她 it 那個	his 他的 her 她的 its 那個的	him 他 her 她 it 那個 （接受行為的對象）	his 他的物品 hers 她的物品
複數	第一人稱	we 我們	our 我們的	us 我們 （接受行為的對象）	ours 我們的物品
	第二人稱	you 你們	your 你們的	you 你們 （接受行為的對象）	yours 你們的物品
	第三人稱	they 他們／她們／那些	their 他們的／她們的／那些的	them 他們／她們／那些 （接受行為的對象）	theirs 他們的／她們的／那些的物品

※若為名詞，例如「湯姆的物品」就是以 Tom's 表示。

無論是口語還是書面表達，代名詞都是最基本、也是英語學習者必備的知識。因此上面這張表格，請一定要記起來。若不先學會代名詞的用法，就有可能會說出 I love she. 或是 She love I. 這種錯誤的英文句子。

進階解說

以 X love(s) Y. 這個句型做練習

請試著練習將各種代名詞代入「X 愛 Y」這個句子。若主詞為第三人稱單數，love 就會變成 loves。（➡ P26）

- **I love her.（我愛她。）**
- **She loves me.（她愛我。）**
- **You love them.（你愛他們。）**
- **They love you.（他們愛你。）**

只要能夠隨口說出這樣的句子，應該就能培養出在口說或寫作時正確選用人稱代名詞的能力。

表示時間或天氣等要使用 it

TRACK_52

快記！ 表示時間、天氣、氣溫冷暖等要以 it 為主詞

不具任何意義的 it

it 是代名詞的一種，通常表示「那個」的意思。例如以 What's this?（這是什麼）提問，並以 It's a toy gun.（那是玩具槍）回答時，回答句中的 it，就是用來代替問句 this 的代名詞。

但還有一種情況是將 it 放在主詞的位置，作為**「不具任何意思的 it」**使用。

看圖學文法

It was very hot last night.
└不是用來表示「那個」

（昨晚非常熱。）

在這個句子中，由於 it 並不是用來指稱某項事物，所以它的語意並不是「那個」的意思。一般要表達天氣很熱之類的情況，中文會把「昨晚」當成主詞，說成「昨晚非常熱」，但在英文中 last night 多半不能拿來當主詞，**而句子原則上又一定要有主詞**，所以基於**「那不如就讓 it 當主詞吧」**的概念，便有了例句這樣的句子產生。

不知該以什麼為主詞時，就以 it 為主詞。**表示時間、天氣、氣溫冷暖、天色明暗，或是概括性地描述某個情境或狀況**，經常會用 it 開頭的句子表達。本書的附錄中也有介紹這一類以 it 表達時間的用法，請參考 231 頁的內容。

it 也可以用來表示以下的意思。

從例句學文法

- **It's six thirty now.**
  └時間
  現在是六點三十分。

- **It rained yesterday.**
  └天氣
  昨天下了雨。

- **It's too late.**
  └當時的情境與狀況
  太遲了。

- **It will be cold this winter.**
  └氣溫冷暖
  今年冬天將會很冷。

- **Is it convenient for you on Wednesday?**
  └當時的情境與狀況
  週三你方便嗎？

進階解說

學會表示天氣或氣候的詞語

以 it 為主詞，表示天氣或氣候的用法彙整如下表，請務必熟記。

It's sunny.	天氣晴朗。
It's cloudy.	天氣多雲。
It's raining [rainy].	正在下雨。
It looks like rain.	看起來要下雨了
It's going to rain.	似乎要下雨了。
It's snowing [snowy].	正在下雪（下雪了）。
It's hot.	天氣很熱。
It's cold.	天氣很冷。
It's warm.	天氣很溫暖。
It's cool.	天氣很涼爽。

they 是用來表示不特定的複數事物

TRACK_53

快記！ 沒有特定對象時就以 they 為主詞

不特定的複數 they

they 基本上是指**複數的人或事物**，也就是用來表示「他們」、「那些」等意思，不過這個字還有其他的用法，就是用來泛指「人們」。請見下面的例句。

看圖學文法

They say it's going to be hot this summer.

‖

People

└非表示「他們」，而是用來泛指「人們」

（據說今年夏天會很熱。）

不是特定的某人說的，而是泛指一般人這麼說

They [People] say~ 是指「世上的人們說～」。**they 不是指特定的一群人，而是泛指一般人**。因此這裡的 **they** 不是表示「他們」的意思，而是**帶有與 people「人們」相同的語意**。就像各位在「被動態」的章節所學到的（➡ P92），上面例句中的 They [People] say~，即使改成被動態的 It is said~，在語意上也完全相同。

被動態 **It is said that he is a millionaire.**

（聽說他是個百萬富翁。）

還可以用在下列的句子中。

從例句學文法

- **They sell game software at that shop.**
  └泛指在該間商店工作的人們
  那間店販賣遊戲軟體。

- **They say the president is going to retire.**
  └泛指在公司工作的人們
  據說社長即將退休。

- **They serve good wine at that restaurant.**
  └泛指在餐廳工作的人們
  那間餐廳供應美酒。

- **They make liquid crystal panels at that factory.**
  └泛指在工廠工作的人們
  那間工廠製造液晶面板。

- **They speak Portuguese in Brazil.**
  └意思與 people 幾乎相同
  在巴西說葡萄牙文。

由上述的例句可知，這個用法的 they 不需要特別翻譯出來。

進階解說

we 及 you 也可表示一般人

不只 they，we 及 you 也可以用來表示一般人。we 是連自己都包含在內，表示「我們」的意思。

We have a lot of snow in winter here.
（我們這裡冬天下很多雪。）

you 則是指包括對方在內的一般人，也可以用來表示包括「我和你」在內的普羅大眾之意。

What do you call this flower in English?
（這種花〔你們〕用英文怎麼說？）

實戰練習

代名詞

TRACK_54

Basic

現在請各位運用學習過的代名詞相關內容，試著將下列的句子以英語表達出來。空格中須填入的單字，都有第一個字母作為提示（若單字不足三個字母則不會有任何提示）。對完答案後，請再次聆聽音檔，並在每個句子中文朗讀結束後、英語朗讀開始前的地方暫停，試著練習用英文把句子說出來。

1 這僅有你我知情。（➡P124）

This is just b_____ y____ a____ ____.

2 他生日你送了他什麼？（➡P124）

What d____ y____ g____ to h____ for his birthday?

3 我的看法和你的不同。（➡P124）

My opinion is d_____ f____ y____.

4 你的手錶現在是幾點？（➡P128）

W____ t____ is ____ by your watch?

5 今晚似乎會下雪。（➡P128）

I g s tonight.

6 我星期四有空（方便）。（➡P128）

I c f on Thursday.

7 印度不吃牛肉。（➡P130）

T d e b in India.

8 據說今天會很熱。（➡P130）

T s w be hot today.

Challenge

各位可藉由此練習測試自己是否真正學會先前所學的內容。對完答案後，請再次聆聽音檔，並在每個句子中文朗讀結束後、英語朗讀開始前的地方暫停，試著練習用英文把句子說出來。

1 上週日非常冷。（➡P128）

2 從這裡到車站有多遠？（➡P128）

3 今年夏天將會很熱。（➡P128）

答案在 ➡P245

TRACK_55

瞭解如何分辨可數名詞、不可數名詞及其使用方式

快記！ **可數名詞可以用單數及複數表示**

可數名詞

英語的名詞分為**可數名詞**與**不可數名詞**。

中文的「書」，不管是一本還是十本都一樣是用「書」表達。但是英語的一本書是以 **a book** 表示，十本書則是以 **ten books** 表示。像 book 這樣表示**「一件物品（或一個人）」**的形態稱為**單數**，而像 books 這樣表示**「兩件以上的物品（或兩個以上的人）」**的形態則稱為**複數**。

複數**最基本的表達方式就是單數加上 s**。例如 boy（男生）的複數就是 boys。

【參考】有時候語尾會有不同的形態。例如 country（國家）的複數就是 countries。

另外，也有一些特殊形態的複數。請將下列四個常用的複數背下來。

記起來 **特殊形態的複數**

單數	複數
man（男人）	men
woman（女人）	women
person（人）	people
child（小孩）	children

不可數名詞

表達抽象語意的名詞，例如 **peace**（和平），中文也不會說「一個和平」或是「兩個和平」對吧？英語同樣也不會以 a peace、two peaces 表達。另外，像 **water**（水）這類**沒有固定形狀的事物也無法計數**。「一杯水」會以 a glass of water 表達。杯子可以用一個、兩個來計算，所以會說

a glass，但「水」這項東西本身是沒辦法計數的，所以 a water 是錯誤的用法。

【參考】大多數的英語字典中，可數名詞會以 C (countable) 的記號表示，不可數名詞則會以 U (uncountable) 的記號表示。

瞭解英語的基本思考模式後，再透過下列的例句確認名詞的用法。

從例句學文法

- **There were three men in front of the gate.**
  were：複數用 were　men：man 的複數
  大門前有三名男子。

- **About half of the employees are women.**
  women：woman 的複數
  大約半數的員工是女性。

- **Many people came to the concert.**
  people：person 的複數
  許多人來參加演唱會。

- **The children are studying in the classroom.**
  children：child 的複數
  孩子們正在教室裡讀書。

- **I'd like a glass of water.**
  water：本身無法計數，所以不能直接加 a
  我想要一杯水。

- **I drank two cups of coffee.**
  coffee：本身無法計數所以不能改為複數
  我喝了兩杯咖啡。

要判斷一個名詞是否為可數，英語和中文之間同異處皆有。不過一開始請別過於在意，只要多使用英文表達，就會漸漸習慣這些用法。

實戰練習

名詞

TRACK_56

Basic

現在請各位運用先前學到與名詞有關的內容，一邊判斷名詞的可數與否，一邊試著將下列的句子以英語表達出來。空格中須填入的單字，都有第一個字母作為提示（若單字不足三個字母則不會有任何提示）。對完答案後，請再次聆聽音檔，並在每個句子中文朗讀結束後、英語朗讀開始前的地方暫停，試著練習用英文把句子說出來。

1 體育場有很多人。（➡P134）

There w____ m____ p____ in the stadium.

2 公車上所有的乘客都是男性。（➡P134）

All the p____ ____ the bus w____ m____.

3 一些男孩正在踢足球。（➡P134）

Some b____ a____ p____ soccer.

4 那兩位男士是兄弟嗎？（➡P134）

Are those t____ m____ b____?

5 孩子們正在外面玩耍。（➡P134）

The c＿＿＿ a＿ p＿＿＿ outside.

6 女人喜歡蛋糕。（➡P134）

W＿＿＿ l＿＿＿ c＿＿＿.

7 我想要一杯熱茶。（➡P134）

I'd like a c＿＿＿ ＿＿ h＿＿ t＿＿.

8 讓我們休息一下喝杯咖啡。（➡P134）

Let's t＿＿＿ a c＿＿＿ b＿＿＿.

Challenge

試著將下列句子以英語表達出來，各位可藉由此練習測試自己是否真正學會先前所學的內容。對完答案後，請再次聆聽音檔，並在每個句子中文朗讀結束後、英語朗讀開始前的地方暫停，試著練習用英文把句子說出來。

1 他有兩個兒子和一個女兒。（➡P134）

2 她已經養了三隻貓一年了。（➡P134）

3 我喝了兩杯紅酒。（➡P134）

答案在 ➡P246

學習如何分辨冠詞 a 與 the 的用法

TRACK_57

快記！ 首次出現在話題中用 a
雙方都知道了用 the

冠詞的基本用法

本節將介紹各位最在意的 a 與 the 的基本用法。

首先從冠詞的形態開始。我們將 a、the 與名詞間的關係彙整如下。打 × 的是錯誤的形態。

☑ 確認 **名詞與 a、the**

		a +	the +	前面不加任何字
可數名詞	單數	a boy（一位男孩）	the boy（那位男孩）	× boy
	複數	× a boys	the boys（那些男孩們）	boys（男孩們）
不可數名詞		× a water	the water（那些水）	water（水）

※若 a 搭配的名詞字首發音為母音，就要改成 an，例如「一顆雞蛋」即為 an egg。

不可數名詞

就如上表所示，**the 可以放在任何名詞之前**，但是＜a＋複數的名詞＞或＜a＋不可數名詞＞就是錯誤的用法。此外，boy 或 book 這類**可數名詞的單數，在使用時原則上一定得搭配 a 或 the 才是正確的**。

接著讓我們再看看以下的例句，此為 the 的基本用法。

從例句學文法

● Look at the blackboard.
└對方知道「就是那個！」時，會加上 the

請看黑板。

當老師在教室裡說這句話時，因為教室裡只有這一塊黑板，所以學生很清楚 the blackboard 是指哪一塊黑板。**the 就是在對方清楚知道「就是那個！」時，才會放在該名詞的前面**。

另一方面，**a 基本上是放在首次出現在話題中的名詞之前**。

從例句學文法

- I took a photo of my cat. This is the photo.
  - a：首次提及的名詞前面加 a
  - the：對方知道所指的「就是那個！」時加 the

  我為我的貓拍了張照片。這就是那張照片。

第一個句子中，照片**首次出現在話題裡**，所以用 **a photo** 表示。若以 the photo 表示，對方大概會想：「你說『那張照片』，是要指哪一張照片？」。

第兩個句子中，由於照片**已經是話題的一部分**，所以用 the 表示「這就是（我家的貓的）那張照片」。關於 a 和 the 的用法，請至少要知道兩者之間有這項差異。

為讓各位更熟悉這兩個冠詞的用法，請見下列例句。

從例句學文法

- I have a digital camera.
  - a：首次出現在話題中，所以加 a

  我有一台數位相機。

- The digital camera is mine.
  - The：已經是話題的一部分

  那台數位相機是我的。

- I want a ticket for the concert.
  - a：首次出現在話題中
  - the：對方知道是哪一場，所以用 the

  我想要一張那場演唱會的票。

- I saw him at a bookstore.
  - a：不清楚對方是否知道，所以加 a

  我在一家書店看到他。

Part 1 冠詞

實戰練習

冠詞

Basic

現在請各位運用這些學習過的冠詞相關內容，試著將下列的句子以英語表達出來。空格中須填入的單字，都有第一個字母作為提示（若單字不足三個字母則不會有任何提示）。對完答案後，請再次聆聽音檔，並在每個句子中文朗讀結束後、英語朗讀開始前的地方暫停，試著練習用英文把句子說出來。

1 我想要一支新的智慧型手機。（➡P138）

I want ＿ n＿ s＿.

2 這是一個簡單的問題。（➡P138）

This is ＿ e＿ q＿.

3 這張椅子的其中一支腳壞了。（➡P138）

＿ l＿ of t＿ c＿ is broken.

4 那位男子是一名卡車司機。（➡P138）

T＿ m＿ was ＿ t＿ d＿.

5 這張長凳下有一隻大貓。（➡P138）

There is ___ b___ c___ u___ t___ b___.

6 我們在那間咖啡廳待了一個小時。（➡P138）

We spent ___ h___ at t___ c___.

7 我可以把電視打開嗎？（➡P138）

Can I t___ ___ t___ t___?

8 其中一位球員受傷了。（➡P138）

O___ of t___ p___ got injured.

Challenge

各位可藉由此練習測試自己是否真正學會先前所學的內容。對完答案後，請再次聆聽音檔，並在每個句子中文朗讀結束後、英語朗讀開始前的地方暫停，試著練習用英文把句子說出來。

1 我為那朵花拍了張照片。（➡P138）

2 我記不得這部電影的名字。（➡P138）

3 我要去車站前的那家書店。（➡P138）

答案在 ➡P247

專欄

日常對話中的發音變化

母語人士在日常對話時的發音，和字典中標示的音標有相當大的差別。例如美國人通常會把 I'm going to 唸成 **I'm gonna [aɪm`gɔnə]**（➡ P84），還會把 I want to 唸成 **I wanna [aɪ`wɑnə]**（➡ P146）。因為美國人幾乎不太會清楚地說 I'm going to，所以為了避免面臨「咦？他在說什麼」的窘境，還是要瞭解這樣的發音是如何演變的，才能聽懂對方在說什麼。不過這些發音上的變化都是由平常隨意的說話方式自然演變而成的，因此沒必要刻意練習以這樣的方式說話。

這類「口語上的發音變化」其實是有規則可循的，基本的規則有以下三項。

☑ 確認 **發音變化的規則**

變化的規則	例子
①發音相連	**an egg → [n] 和 [ɛ] 的發音會連在一起** ※刻意分開唸 [æn ɛg] 顯得不自然
②發音消失	**shopping center → t 的音弱化** ※若以一定的速度說話時，單字中的部分發音會弱化不見，這時刻意把 [`ʃapɪŋ `sɛntɚ] 唸得很清楚會顯得不自然
③轉為其他的音	**Get up.（起來）→ 發音由 [gɛtʌp] 轉為近似 [gɛlʌp] 的音** ※[t] 的發音會轉為與 [l] 相近的音，所以唸 [gɛtʌp] 會顯得不自然

going to 會轉為 gonna，是因為與②一樣，底線處的 [g] 和 [t] 發音消失的緣故。其他像是 twenty（20），底線處的 [t] 發音會消失，聽起來就會像是 [twɛnɪ] 的音。最好儘量聆聽大量的英語，讓自己的耳朵習慣這種「口語上的發音變化」。

prat 2

詳細說明句子的結構

- 不定詞
- 動名詞
- 分詞
- 關係詞
- 連接詞
- 介系詞

認識 to＋原形動詞的「不定詞」基本用法

TRACK_59

快記！ 不定詞大致分為三種基本用法

不定詞的基本型態是 to＋原形動詞

到目前為止我們介紹了句子的主要結構，接下來將就句子的細部元素做介紹。

首先要介紹的是**<to＋原形動詞>**的用法，此形態稱為**不定詞**（以下將以 to *do* 表示）。

例如 eat（吃）若加上 to 即可轉為不定詞 to eat，這裡的 to 和 go to school（去學校）等用法的 to 是一樣的。這表示 **to eat** 這個形態最基本的意思是「**（接下來）要去吃東西**」。

看圖學文法

不定詞 to eat

└ 原形動詞

朝向

to

往吃的方向去
＝吃東西這件事

to 後面無論接續的是動詞還是名詞，to 的基本概念都是一樣的！
「朝向～」

介系詞 go to school

└ 名詞

朝向

to

往學校的方向去

其次，不定詞的用法大致分為三種，可作為名詞（➡ P146）、副詞（➡ P150）、形容詞（➡ P152）使用。各別的用法將在之後詳述。

本節先簡單介紹這三種用法的例句。請特別注意下列例句中的 to eat，都是「接下來將朝著吃的方向進行」的意思，用來表示**未來將要做的具體行為**。

Part 2

不定詞1

從例句學文法

- **I want to eat a hot dog.**
  └具備名詞的功用
  我想吃熱狗。

- **Let's go to the cafeteria to eat dinner.**
  └具備副詞的功用
  我們去自助餐廳吃晚餐吧。

- **I want something to eat.**
  └具備形容詞的功用
  我想要點吃的東西。

最後，我們將接下來要介紹的不定詞用法彙整成下列表格以供參考。基本上只要先知道大概的內容即可，所以請先大致瀏覽一下。

☑確認 不定詞的概要內容

用法	意思	例子
名詞性質的用法（➡ P146）	～這件事	to eat（吃〔這件事〕）
It is 形容詞 to *do*（➡ P148）	～這件事是…的	It is easy to make curry.（製作咖哩很簡單）
副詞性質的用法（➡ P150）	為了～；…（的情緒）是因為～	I'm glad to see you.（很高興見到你）
形容詞性質的用法（➡ P152）	為了～的…	time to watch TV（看電視的時間）
疑問詞＋to *do*（➡ P154）	疑問詞的意思＋應該～	where to go（應該去哪裡）
原形不定詞（➡ P156）	讓人～	Let me explain.（請讓我解釋一下）

將動詞轉為名詞的用法

TRACK_60

快記！ 以 to *do* 表示「～這件事」

可當作名詞片語用的不定詞

利用不定詞可以表示**「～這件事」**的意思。我們試著藉由比較下面兩個例句，看看是怎麼一回事。

看圖學文法

(a) I want **the DVD**.
名詞（＝那張DVD）
（我想要那張 DVD。）

(b) I want **to rent the DVD**.
名詞片語（＝租那張 DVD 這件事）
（我想要租那張 DVD。）

(a) 的意思是**<I want＋名詞＝我想要～>**。(b) 也是相似的意思，的部分則是**名詞片語**。「我想要 租那張 DVD 這件事 」，亦即「我想要租那張 DVD」的意思。

像這樣在動詞之前加 to（＝改為不定詞），to 和後面的部分即可形成**動詞以外的片語（名詞片語、形容詞片語、副詞片語）**。(b) 是由 rent（租借）這個動詞加上 to 之後形成名詞片語，再放入 I want~ 這個句子中。這種用法就稱為**不定詞的名詞用法**。

只不過平常使用時，並不需要刻意去思考「這個不定詞是屬於哪一種用法」。以先前的例句 (b) 為例，只要記住＜**want＋to *do*＝想要～**＞這個組合就已經足夠。

下列例句也是將不定詞當作名詞使用的句子。

從例句學文法

● **I like to listen to classical music.**
└like to *do* 是表示「喜歡做～」
我喜歡聽古典音樂。　※listen to~：聽～

● **We need to gather more information.**
└need to *do* 表示「需要做～」
我們需要收集更多的資訊。

● **I'll try to persuade my boss.**
└try to *do* 表示「努力／試著做～」
我會試著說服我的上司。

● **I'm planning to remodel my house.**
└plan to *do* 表示「計劃做～」
我正計劃改裝我的房子。

以上是具有名詞功能的不定詞用法。由於很常用，請務必記住。

進階解說

記誦時要將＜動詞＋to *do*＞視為一組

像 want to *do*（想要做～）這樣的用法，學的時候可以視為一種慣用語，這類形態的常用動詞還有以下這些動詞。

can't afford to *do*	沒有辦法／負擔不起（去做）～
forget to *do*	忘記（去做）～
hope to *do*	希望（去做）～
learn to *do*	學著（去做）～
manage to *do*	設法（去做）～
promise to *do*	承諾（去做）～
would like to *do*	想要（去做）～

將句子改寫成 It is＋形容詞＋to do 的句型

TRACK_61

快記！ 較長的主詞會換成 it

以不定詞當主詞的句子，主詞位置可以換成 it

可以當作名詞片語用的不定詞，除了 146 頁介紹的用法以外，還有其他的用法。請見下圖。

看圖學文法

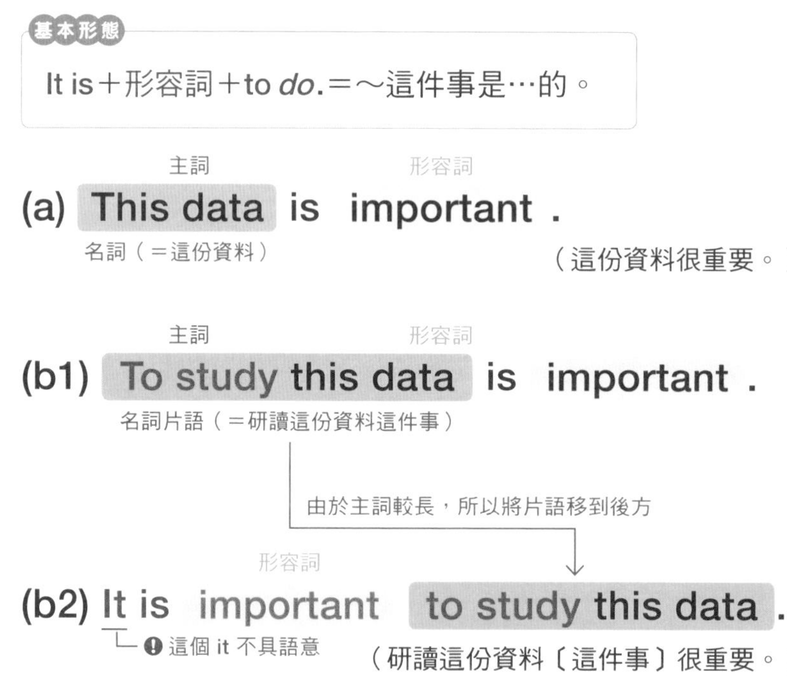

(a) 是把「這份資料」這個名詞放在主詞位置上的句型，而 (b1) 則是把「研讀這份資料」這個名詞片語放在主詞位置上的句型。然而英語的句子會**傾向避免句子的主詞過長**。因此，若遇到這類情況，就會將片語移到句子後方，而主詞空出來的位置就以 it 填補，成為 (b2) 的句型。**這裡的 It 和先前學過的「不具任何意義的 It」（➡ P128）一樣，都是用來調整句子形態的記號，沒有任何意思。**

下面的例句都是相同的句型結構，請透過例句確認此句型的用法。

從例句學文法

- **It's easy to use this app.**

  └使用這個應用程式這件事

  使用這個應用程式很簡單。

- **It will be difficult to finish this work in a week.**

  └一週內完成這份工作這件事

  要在一週內完成這份工作將會很困難。 ※in a week：一週內

- **It's fun to have a barbecue on the beach.**

  └在沙灘上烤肉這件事

  在沙灘上烤肉很好玩。

- **It's comfortable to live in Japan.**

  └住在日本這件事

  住在日本很舒服。 ※live in~：住在~

進階解說

常用在＜It is＋形容詞＋to *do*＞的形容詞

下列的形容詞經常用來搭配此句型使用。

- **It is dangerous to *do*（～很危險。）**
- **It is difficult [hard] to *do*（～很困難。）**
- **It is exciting to *do*（～很刺激／令人興奮。）**
- **It is important to *do*（～很重要。）**
- **It is interesting to *do*（～很有趣。）**
- **It is natural to *do*（～很自然／理所當然。）**
- **It is necessary to *do*（～很必要。）**

表示目的或感情的副詞用法

TRACK_62

快記！ 在句子加入 to *do* 表示「為了～」

表示「為了～」的不定詞

接著將介紹的是各位在學校曾學過的「副詞性質用法」的不定詞。不過不需要刻意去背這些專有名詞，只要記得以下兩點就足夠了。

（1） 不定詞可用來表示「為了～」（目的）的意思
（2） 表達感情的形容詞＋to *do*＝「…（的情緒）是因為～」

首先請先看（1）的例句，此用法的不定詞是表示**目的**。

看圖學文法

I went to Akihabara
to experience a maid café.
為了體驗女僕咖啡店（目的）

（我去秋葉原〔是為了〕體驗女僕咖啡店。）

體驗女僕咖啡店
→目的

就如 144 頁曾介紹過的，to *do* 的基本印象是「朝向～」。因此可以把 to experience 想成是「朝著體驗這件事的方向進行→為了體驗」。

表示「…（的情緒）是因為～」的不定詞

接著來看看（2）的例句。

看圖學文法

I'm glad（感情／開心） to meet you（見到對方（引發感情的原因））.

（很高興見到你。）

見到對方
→引發感情的原因

這類接續**在表達感情的形容詞**之後的不定詞，是用來表示**引發感情的原因**。以下即為常用於此句型的形容詞。

記起來 **主要用來表達感情的形容詞**

glad、happy	開心	relieved	放心
sad	傷心	sorry	覺得遺憾
surprised	驚訝	disappointed	失望

那麼我們再來看看其他表示「目的」或「感情」的不定詞例句。

從例句學文法

- I often go to see movies.（to see movies：出去的目的）

  我常去看電影。

- I was disappointed to hear the news.（to hear the news：失望的原因）

  聽到這消息我感到很失望。

- I was relieved to be back home.（to be back home：放心的原因）

  回到家我鬆了一口氣。

這個用法的基本概念其實很簡單，使用時只要加上 to *do* 就可以了。

用來修飾名詞或代名詞的形容詞用法

TRACK_63

快記！ 在句中加上 to *do* 表示「為了～的」

表示「為了～的」的不定詞

不定詞的第三個用法就是下圖所示的，請將圖中的基本形態記起來。

看圖學文法

基本形態

名詞（代名詞）+to *do* ＝為了～的〇〇

名詞片語（＝某樣食物）

I want **something to eat**.

某物　＋目的是為了吃

（我想要點東西吃。）

為了吃的某樣東西

上面的例句中是利用 to *do* 來說明前面的名詞。也就是說，to eat 是用來修飾前面的 something。用來修飾名詞及代名詞的是形容詞，所以這種不定詞的用法稱為**形容詞的用法**。

下面列舉一些日常生活中常出現的用法。若能將這些用法記下來將會非常有用。

記起來 **常用的名詞（代名詞）+to *do***

something to *do* ※若為疑問句或否定句則要改用 anything to *do*	（為了）～的某事物
nothing to *do*	沒有任何可以～的事物
chance to *do*	～的機會
time to *do*	～的時間
way to *do*	～的方法

下面透過例句確認用法。句中的不定詞都在說明（修飾）前面的名詞。

從例句學文法

- **I have nothing to lose.** 我沒什麼可失去的。
  └說明 nothing

- **It was a good chance to learn about foreign cultures.**
  └說明 a good chance
  那是個學習外國文化的好機會。

- **I had no time to have breakfast today.**
  └說明 time
  我今天沒有吃早餐的時間。

- **What is the best way to lose weight fast?**
  └說明 the best way
  快速減肥最好的方法是什麼？

- **We have a plan to build a new office.**
  └說明 a plan
  我們有建一間新辦公室的計劃。

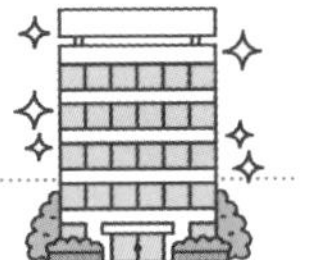

- **I want something cold to drink.**
  └說明 something cold
  我想要點冰的東西喝。

各位覺得如何呢？為名詞添加說明的方式有好幾種，本節學習的是在名詞後加上 to *do* 做為名詞的附加說明。這是相當常用的文法，請務必記起來。

進階解說

常用的<名詞〔代名詞〕+to *do*>

下表彙整了一些常用說法，不妨視為一個個完整的詞組記住。

the ability to speak English	說英語的能力
an attempt to persuade him	說服他的意圖
a chance to go abroad	出國的機會
a plan to travel to Europe	旅遊歐洲的計畫
time to watch TV	看電視的時間
a lot of things to do	很多事要做

5W1H＋不定詞
可用來表示「該～」

TRACK_64

快記！ 疑問詞加上 to *do* 可用來表示「該〇〇」

搭配疑問詞使用的不定詞

本節將介紹的是**搭配疑問詞使用的不定詞。**

有一種書叫作「HOW-TO 書」，就是以 **how to（如何～）**為主題的書。例如〈**how**（如何）＋**to read**〉就是「該如何讀」的意思，也就是「**讀法**」的意思。請參考下面的圖示及例句。

基本形態

疑問詞 ＋ to *do* ＝該～＋疑問詞的意思

I don't know how（疑問詞：如何）＋ to read（不定詞：讀）→ this word.（讀法）

（我不知道該如何讀這個字。）

其他的疑問詞也可以搭配不定詞使用，至於如何搭配則請見下表。

記起來 **疑問詞＋to *do***

what to *do*	該～什麼	when to *do*	該在什麼時候～
which to *do*	該～哪一個	where to *do*	該在哪裡～

讓我們透過例句確認這一小節到目前為止所介紹的用法。

從例句學文法

- **Do you know what to do next?**
  詢問「什麼」所以用 what　說明 what
  你知道下一步該做什麼嗎？

- **I don't know which to choose.**
  詢問「哪個」所以用 which　說明 which
  我不知道該選哪一個。

- **I don't know when to start investing.**
  詢問「時間」所以用 when　說明 when
  我不知道該在什麼時候開始投資。

- **Tell me where to get a ticket.**
  詢問「哪裡」所以用 where　說明 where
  告訴我該去哪裡買票。

- **I'll show you how to clean fish.**
  詢問「如何」所以用 how　說明 how
  我會向你示範該如何清理魚。

- **Tell me where to stand at the ceremony.**
  詢問「哪裡」所以用 where　說明 where
  告訴我典禮中該站在哪裡。

上述例句中，只要是疑問詞＋to *do*，都會轉為**名詞片語**。只要把疑問詞加上不定詞，就可以有這樣的用法。

進階解說

常用的＜how to *do*＞

＜疑問詞＋to *do*＞的用法當中，特別常用的是＜how to *do*＞。若能將之視為一個組合牢記下來，將會很有幫助。

how to contact him	如何連絡他
how to get along with neighbors	如何和鄰居好好相處
how to make curry	如何做咖哩
how to use this machine	如何使用這台機器

掌握不加 to 的不定詞用法

TRACK_65

快記！「使～」要用原形不定詞

不定詞與動詞的組合

本節將介紹的是**原形不定詞**，為了讓各位更容易理解，我們先來看看**不定詞與動詞搭配時的用法**。

只要將這個用法稍稍改變一下，就是原形不定詞。請看下面的例句。

基本形態

動詞 ＋ 人 ＋ to *do* ＝使（某人）去做～

I'll ask（動詞） her（人） to join（不定詞） us.

（我會請她加入我們。）

上面的句子所用的 ask 是「請求」的意思，ask her to join 即為「請求她加入」的意思。下面的表格中還有其他類似的說法。

記起來 常用的動詞＋人＋to *do*

allow＋人＋to *do*	允許（某人）做～
tell＋人＋to *do*	告訴（某人）做～
encourage＋人＋to *do*	鼓勵（某人）做～
persuade＋人＋to *do*	說服（某人）做～

原形不定詞的基本用法

雖然意義上很相似，但有三個重要的動詞不是接 to *do*，而是使用不加 to 的不定詞，這三個動詞分別是 **make、let、help**。

記起來 **常用的動詞＋人＋*do***

make＋人＋*do*	使（某人）做～
let＋人＋*do*	讓（某人）做～
help＋人＋*do*	幫忙（某人）做～

這類前面不加 to 的不定詞為例外的用法，稱為**原形不定詞**。

看圖學文法

動詞　人　不定詞

The pepper **made** me sneeze.

└ ❗不要加 to！

（胡椒粉使我打噴嚏。）

我們再來看看這三個動詞與其他動詞搭配使用的例句。

從例句學文法

- **Let me check my schedule.**
  └原形不定詞
  讓我確認一下我的行程。　※< let me *do*>（讓我～）是日常對話中很重要的句型

- **Can you help me copy these papers?**
  └請求對方的協助時可用的動詞
  你能幫我影印這些文件嗎？　※make、let、help 中，只有 help 後面也可以用 to *do*

- **Let me explain.**
  └取得許可時可用的動詞
  讓我解釋一下。

實戰練習

不定詞

TRACK_66

Basic

現在請各位運用先前學習過的不定詞相關內容，試著將下列的句子以英語表達出來。空格中須填入的單字，都有第一個字母作為提示（若單字不足三個字母則不會有任何提示）。對完答案後，請再次聆聽音檔，並在每個句子中文朗讀結束後、英語朗讀開始前的地方暫停，試著練習用英文把句子說出來。

1 我想和她去約會。（➡P146）

I w____ ____ go o____ with her.

2 我們去了動物園看熊貓。（➡P150）

We went to t____ z____ ____ s____ the pandas.

3 很遺憾聽到那個消息。（➡P150）

I'm s____ ____ h____ that.

4 我想要一個在海外工作的機會。（➡P152）

I want a c____ ____ w____ o____.

5 我不知道該買什麼給她。（➡P154）

I don't k____ w____ ____ b____ her.

6 醫生告訴我要減重。（➡P156）

The doctor t____ ____ ____ l____ w____.

7 讓我介紹一下我自己。（➡P156）

L____ ____ i____ myself.

8 你可以幫我洗盤子嗎？（➡P156）

Can y____ h____ ____ w____ the dishes?

Challenge

各位可藉由此練習測試自己是否真正學會先前所學的內容。對完答案後，請再次聆聽音檔，並在每個句子中文朗讀結束後、英語朗讀開始前的地方暫停，試著練習用英文把句子說出來。

1 學習如何玩這個遊戲很容易。（➡P148）

2 我今天無事可做。（➡P152）

3 我沒有時間打掃我的房間。（➡P152）

答案在 ➡P248

認識將動詞轉為名詞的動名詞基本用法

TRACK_67

快記！ 動名詞是〈動詞＋ing〉

將動詞轉為名詞的動名詞

146 頁介紹的是「不定詞當作名詞片語使用」。例如 watch（看）若改為不定詞的 to watch 即可轉為名詞片語，表示「看（這件事）」。我們透過例句復習一下。

(a) I like **movies.** （我喜歡電影。）

(b) I like **to watch movies**.（我喜歡看電影〔這件事〕。）

這兩個例句中的 ▭ 皆為名詞（名詞片語）。

其實將動詞轉為名詞片語還有一個方法，就是**在動詞的字尾加上 ing**。例如 watching 就是「看（這件事）」的意思。這樣的形態就稱為**動名詞**。

看圖學文法

基本形態

原形動詞＋ing ＝～這件事（動名詞）

名詞片語（＝看電影〔這件事〕）

(c) I like **watching movies**.

└watch＋ing

（我喜歡看電影〔這件事〕。）

(b) 與 (c) 的意思幾乎相同，不管用哪一種方式表達都可以。

動名詞與進行式 ing 形的不同處

動名詞可以放在一般動詞及 be 動詞之後。但若**動名詞**前面搭配的是 be 動詞，就會看起來**與進行式的 ing 形**一模一樣。這兩者**雖然形態上相同，但意思卻不一樣**。不同之處請見下面的例句。

Part 2

動名詞 1

看圖學文法

名詞片語

動名詞 **Her hobby is reading novels.**

她的嗜好 ＝ 閱讀小說（這件事）（reading＝動名詞）

（她的嗜好是閱讀小說。）

現在進行式 **She is reading a novel.**

└正在閱讀（現在進行式）

（她正在閱讀小說。）

閱讀小說（這件事）

正在閱讀小說

➡ 現在的狀況

動名詞還可以用來作為句子的主詞，或是放在介系詞之後作受詞用。請見下列的例句。

從例句學文法

- **Watching movies is my favorite pastime.**
  └主詞＝看電影（這件事）
  看電影是我最愛的娛樂活動。

- **I'm looking forward to seeing you.**
  └介系詞 └見到你（這件事）
  我很期待見到你。

- **My job is teaching computer skills.**
  └be 動詞 └教授電腦技能（這件事）
  我的工作是教授電腦技能。

以上為動名詞的基本用法。接著將詳細說明動名詞置於動詞與介系詞之後的用法。

認識搭配動詞或介系詞使用的動名詞形態

TRACK_68

快記！ **動詞之後要接的是動名詞還是不定詞，有一定的規則可循**

放在動詞之後的動名詞

就如各位在 161 頁所見，動名詞可以接續在動詞之後。另外，不定詞也可以接續在動詞之後。我們再看一次 160 頁的兩個例句。

不定詞 I like to watch movies.
└不定詞
（我喜歡看電影〔這件事〕。）

動名詞 I like watching movies.
└動名詞
（我喜歡看電影〔這件事〕。）

這兩個句子的文法都正確，且意思幾乎完全相同。但是有時候會因為動詞的關係，而只能使用不定詞或是動名詞的其中一種。請透過下面的表格，確認相關的用法。

記起來 **不定詞與動名詞的用法**

	+to *do*	+ing	舉例
like 型	○	○	like / love（喜愛）、begin / start（開始）
want 型	○	×	want / would like（想要）、decide（決定）、plan（計劃）
enjoy 型	×	○	enjoy（享受）、finish（結束）、stop（停止）

共有三種類型的動詞，會像這樣接續動名詞或不定詞等表示「～（這件事）」的文法形式，各位只要先學會**哪一個類型的動詞之後要接續何種形式**即可，之後再慢慢學習分辨動詞所屬的類型。讓我們透過實際的例句確認一下上表中的用法。

從例句學文法

● I want to read this novel.
└不能用動名詞（reading）
我想閱讀這本小說。

● I enjoyed watching the movie.
└不能用不定詞（to watch）
我享受觀看這部電影。
※enjoy ~ing：享受做～（這件事）

介系詞與動名詞的關係

接下來再學習一項與動名詞有關的規則，就是**若動詞接在介系詞之後，則要將動詞改為動名詞**。先前曾稍稍提過介系詞後要接名詞或代名詞（➡ P13）。這表示介系詞後不能直接接續動詞，而是必須改為與名詞同詞類的動名詞。

看圖學文法

介系詞　名詞片語（＝交朋友這件事）

Masako is good **at** making friends.
└由於是接續於介系詞之後，所以用動名詞
❗ 不能用不定詞

（Masako 很擅長交朋友。）

我們再來看看其他的例句。

從例句學文法

● I feel like dancing tonight.
└這裡的 like 因為是介系詞，所以要接動名詞
我今晚想跳舞。

● How about going for a drive?
└由於是置於介系詞 about 之後，所以要改成動名詞
去兜風怎麼樣？
※how about~（名詞、動名詞）：是表示向對方提議「～怎麼樣？」的說法。

實戰練習

動名詞

TRACK_69

Basic

現在請各位運用先前學過與動名詞相關的內容，試著將下列的句子以英語表達出來。空格中須填入的單字，都有第一個字母作為提示（若單字不足三個字母則不會有任何提示）。對完答案後，請再次聆聽音檔，並在每個句子中文朗讀結束後、英語朗讀開始前的地方暫停，試著練習用英文把句子說出來。

1 聆聽爵士樂很有趣。（➡P160）

L______ to jazz ___ fun.

2 我的嗜好是寫詩。（➡P160）

My h______ ___ w______ poems.

3 讓我們趁開始下雨之前回家吧。（➡P162）

Let's go home before ___ s______ r______.

4 我才剛把報告寫完。（➡P162）

I've j______ f______ w______ the report.

5 雪在中午之前就停了。（➡P162）

It s______ s______ before noon.

6 別害怕犯錯。（➡P162）

Don't be a______ ______ m______ mistakes.

7 我不擅長烤蛋糕。（➡P162）

I'm not g______ ______ b______ cakes.

8 他外出沒告訴任何人。（➡P162）

He went o______ w______ t______ anyone.

Challenge

各位可藉由此練習測試自己是否真正學會先前所學的內容。對完答案後，請再次聆聽音檔，並在每個句子中文朗讀結束後、英語朗讀開始前的地方暫停，試著練習用英文把句子說出來。

1 你喜歡照顧小孩嗎？（➡P162）

2 我們很享受在海中游泳。（➡P162）

3 你有興趣學會計嗎？（➡P162）

答案在 ➡P249

分詞的基本用法！「正在～」、「被～」

TRACK_70

快記！ 分詞分為現在分詞及過去分詞

分詞是由動詞變化而來

在不定詞與動名詞之後，我們要介紹的是分詞。所謂的分詞，是動詞變化形態中的一種，它既是動詞的一部分，也可用來說明名詞或句子。

那麼就先來確認一下分詞的形態。分詞共分為**現在分詞**以及**過去分詞**兩種。例如 eat 這個動詞就可以變化成 eating（現在分詞）和 eaten（過去分詞）兩種形態。**現在分詞**是**<原形動詞＋ing>**；**過去分詞**先前也曾經出現過：若為**規則動詞則與過去式同形，不規則動詞則形態各異**（➡ P232）。

分詞在句子中可作為動詞（的一部分）使用。其實分詞也曾出現在先前介紹過的內容中，這些分詞大致上可分為以下三種用法。

在進行式的章節中介紹過的 ing 形，也稱為現在分詞。

確認 **當動詞用的分詞**

	be 動詞＋	have＋
現在分詞（eating）	進行式（is eating＝正在吃）	
過去分詞（eaten）	被動態（is eaten＝被吃）	現在完成式（have eaten＝已經吃完）

我們從表格的左上方開始看起。<be 動詞＋現在分詞>為進行式（➡ P70）；<be 動詞＋過去分詞>為被動態（➡ P92）；而<have＋過去分詞>則是現在完成式（➡ P102）。在複習過分詞當動詞用的例子後，接下來我們要介紹的是分詞的其他用法。

不定詞、動名詞、分詞的關係

在進入相關主題之前，有件事得先知道學習起來才會比較容易。其實**分詞與先前學過的不定詞及動名詞的關係非常密切**。這三種詞常會放在一起介紹，因為它們都是由動詞變化而來，並且在句中都有多種不同的功用。而為了方便學習者理解這三種詞之間的相同與不同之處，這邊整理出下列表格，請各位透過下表確認各自的用法。

☑確認 **不定詞、動名詞、分詞在句中的功用**

		例	名詞性質的用法	形容詞性質的用法	副詞性質的用法
不定詞		to eat	吃這件事	以吃為目的〇〇	為了吃～
動名詞		eating	吃這件事		
分詞	現在分詞	eating		正在吃的〇〇	一邊吃，一邊～
	過去分詞	eaten		被吃的〇〇	※

【參考】※過去分詞雖然具有副詞的功用，但在日常對話中的使用頻率相當低，所以本書將略過不提。

例如 eat 這個動詞即可以四種變化（三種形態）來傳達表格中的語意。

由表格中的不定詞往右邊看，即可知不定詞具有名詞、形容詞、副詞的功用。再來的動名詞僅有名詞的功用。然後由表格可知，分詞除了原本的動詞功能外，還有形容詞及副詞性質的用法，所以分詞**具有除了名詞之外各種性質的用法**。

我們會在接下來的幾個章節詳細介紹分詞的用法。

從例句學文法

● Who's that man talking to Yuko?

└說明 that man 的形容詞用法

正在和 Yuko 說話的男子是誰？

● I have a cat called Tama.

└說明 a cat 的形容詞用法

我有一隻叫 Tama 的貓。

● We work listening to music.

└說明 work 的副詞用法

我們一邊工作一邊聽音樂。

將分詞當形容詞使用，替名詞加上說明

TRACK_71

快記！ 用法分為「正在～」、「被～」

若要表示「正在～」就用現在分詞

接著將說明的是 167 頁的表格中，分詞的形容詞性質用法。

確認 **可當作形容詞使用的分詞**

	例	形容詞性質的用法
現在分詞	eating	正在吃的〇〇
過去分詞	eaten	被吃的〇〇

152 頁的 **something to eat**（某個可以吃的食物），是用不定詞的 to eat 修飾 something。和不定詞一樣，**分詞也可以用來修飾前面的名詞**。

首先就從現在分詞開始看起。

看圖學文法

當分詞接續在名詞之後來說明名詞時，**如果表示的是前面的名詞「正在～」，就要用現在分詞**。上面句子中的 boy 是「正在吃」，所以要用現在分詞 eating。

若要表示「被～」就用過去分詞

接著我們再來看看過去分詞。

看圖學文法

修飾

The hamburger is **a food** eaten all over the world .

名詞　　形容詞片語（＝被全世界的人吃的）

（漢堡是全世界都在吃的食物。）

若要表示**前面的名詞是「被～」時，就要用過去分詞**。上面句子中的 food 是「被吃」的對象，所以用過去分詞 eaten 修飾。

另外，若只有分詞一個字，就要放在名詞之前。例如 increasing population「**不斷增加的**人口」，或是 stolen bicycle「**被偷的**腳踏車」即為此種用法。

那麼，我們再來看看其他例句以確認分詞的用法。

從例句學文法

- **He has a car made in Germany.**
  └要表示前面的名詞「被～」，所以用過去分詞
  他有一部德國製造的車。
  ※made in~：～製的

- **Can you think of a word ending with z?**
  └要表示前面的名詞「正在～」，所以用現在分詞
  你可以想出一個以 z 結尾的單字嗎？

- **I'm looking for a book written in easy English.**
  └要表示前面的名詞「被～」，所以用過去分詞
  我正在找一本以簡單英文寫成的書。

在使用分詞時，要留意修飾對象的名詞是屬於「正在～」還是「被～」。

利用分詞構句可表達更多細節

TRACK_72

快記！使用 ing 表示「一邊～一邊～」

使用現在分詞的分詞構句

分詞（以分詞為首的片語）當副詞用時，就稱為分詞構句（這個名詞不用記沒關係）。接下來將說明的是 167 頁的表格中，分詞的副詞性質用法。

確認 **可當作副詞使用的分詞**

	例	副詞性質的用法
現在分詞	eating	一邊吃，一邊～
過去分詞	eaten	

下方即為**〈ing 形＝一邊～一邊～〉**這個用法的例句。

看圖學文法

"Where were you at lunchtime?"

之前在做什麼（＝一邊吃漢堡，一邊～）

"I was in the cafeteria, eating a hamburger."

└現在分詞

「你午餐時間在哪裡？」
「我在自助餐廳吃漢堡。」

第兩個句子也可以只回答 I was in the cafeteria.（我在自助餐廳），「（一邊）吃著漢堡」是補充說明的內容。像這樣**表示「一邊～，一邊～」的 ing 形用法，很適合在話說到一半、想要補充突然想到的內容時使用**，所以日常對話也很常用。

我們再來看看其他的例句。

從例句學文法

- **"How do you spend your Sundays?"**
  "I usually stay home, watching TV."
  └一邊～，一邊看電視
  「你都如何度過星期天？」／「我通常待在家看電視。」

- **We took a short break having a cup of coffee.**
  └一邊～，一邊喝杯咖啡
  我們休息了一下，喝了杯咖啡。 ※take a break：休息一下

- **We spent two hours chatting at the café.**
  └一邊～，一邊在咖啡廳聊天
  我們花了兩個小時在咖啡廳聊天。

Part 2

分詞 3

順道一提，**分詞構句原則上都是用來說明句子的主詞**。以圖解中的例句來說，分詞構句 eating a hamburger 所說明的不是前面的 cafeteria，而是該句的主詞 I。由於分詞構句大多會與主詞相隔一段距離，請務必要將這點牢記在心。

進階解說

只要知道分詞構句可用來表示「一邊～一邊」就已十分夠用

學校會教與分詞構句有關的各種意義和用法，如下所示。

- Walking in the park, I met John.＝When I was walking in the park, I met John.
  （我在公園散步的時候遇到約翰。）→時間
- Being poor, I can't buy a car.＝As I am poor, I can't buy a car.
  （因為我很窮，所以買不起車。）→理由

不過像這類以 ing 形開頭的分詞構句，主要是用來撰寫故事或散文等情況的書面用語。在日常對話中最常用的，還是本節中提到將 ing 形置於後方以表達「一邊～一邊」之意的用法。以學習口語表達這點來說，只要學會使用這個形態的用法便已十分足夠。

實戰練習

分詞

TRACK_73

Basic

現在請各位運用到目前為止學習過與分詞有關的內容，試著將下列的句子以英語表達出來。空格中須填入的單字，都有第一個字母作為提示（若單字不足三個字母則不會有任何提示）。對完答案後，請再次聆聽音檔，並在每個句子中文朗讀結束後、英語朗讀開始前的地方暫停，試著練習用英文把句子說出來。

1 那個正在看電視的男孩是誰？（➡P168）

Who is t＿＿ b＿＿ w＿＿ TV?

2 正在發表演說的男性是我上司。（➡P168）

The m＿＿ m＿＿ a s＿＿ is my boss.

3 我正在找公車站。（➡P168）

I'm l＿＿ f＿＿ a bus stop .

4 這是一本十年前寫的小說。（➡P168）

This is a n＿＿ w＿＿ ten y＿＿ a＿＿ .

5 這是一把德國製的刀。（➡P168）

This is a k____ m____ ____ G____.

6 停在大門附近的那輛車擋住了路。（➡P168）

That car p____ n____ t____ g____ is in the way.

7 她在接待區和客戶談話。（➡P170）

She is in the reception area, t____ ____ a c____.

8 我昨天花了時間在海上釣魚。（➡P170）

Yesterday I s____ t____ f____ in the sea.

Challenge

各位可藉由此練習測試自己是否真正學會先前所學的內容。對完答案後，請再次聆聽音檔，並在每個句子中文朗讀結束後、英語朗讀開始前的地方暫停，試著練習用英文把句子說出來。

1 部分在這裡工作的人來自中國。（➡P168）

2 我們住在一間七十年前建造的房子。（➡P170）

3 我上週日待在家幫媽媽的忙。（➡P170）

答案在➡P250

可以用來說明較複雜的情況！關係詞的基本用法

TRACK_74

快記！ 再複雜的內容都能接在名詞之後

關係代名詞與先行詞

從後方修飾名詞的形容詞片語，到目前為止我們學過的有不定詞及分詞。以下分別是以不定詞及分詞修飾名詞的例子。

不定詞 a knife to cut meat （切肉的刀）

過去分詞 a knife used by cooks （廚師用的刀）

這兩個例子中畫底線的部分，都是修飾前面的 knife。那如果想要表達的是「很利的刀子」或是「我昨天在家用品賣場買的刀子」，該怎麼辦呢？答案就是使用**關係詞**。

到目前為止介紹過的不定詞及分詞，都只能用來表達「為了～」、「正在～」、「被～」這類單純的意思。但**若使用的是關係詞，無論所要表達的內容再複雜，都能以放到名詞之後的方式進行修飾**。首先就從**關係代名詞**的例句開始看起。

看圖學文法

先行詞　關係代名詞　形容詞片語（住在倫敦）

I have an uncle who lives in London .

修飾先行詞

（我有一個住在倫敦的叔叔。）

上面這個句子中，是利用關係代名詞 who 開頭的形容詞子句來修飾前面的名詞（an uncle）。像這樣被關係代名詞修飾的名詞，就稱為**先行詞**。

那麼，我們再看一些關係代名詞的例句。若句子中有不懂的部分也沒關係，只需先大致有個概念，知道**「以關係代名詞構成的形容詞子句，是在說明先行詞（名詞）」**即可。

從例句學文法

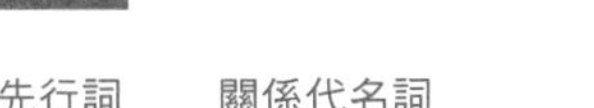

先行詞　關係代名詞

- **The person who I admire the most is my father.**

  └修飾先行詞 The person

  我最崇拜的人是我父親。

先行詞　關係代名詞

- **We went to the restaurant that opened last week.**

  └修飾先行詞 the restaurant

  我們去了上週開幕的那家餐廳。

先行詞　關係代名詞

- **The man who is speaking loudly is my boss.**

  └修飾先行詞 The man

  那個正在大聲說話的男人是我上司。

或許各位對於關係代名詞這個文法用語多多少少都有一點印象，關係詞除了關係代名詞以外，還有一個**關係副詞**。關係副詞也與關係代名詞相同，是用來建構形容詞子句的詞類。

以下的表格中彙整了主要的關係詞。這些關係詞不用刻意背下來，只要在閱讀表格時，在心裡有個底，知道「原來還有這些用法」即可。之後會針對個別的內容有更詳細的說明，請你到時再視情況回頭看這張表格。

☑確認　主要的關係詞

	關係詞	先行詞	接續的形態	備註
關係代名詞	who	人	動詞	
			主詞＋動詞	可省略
	that	人、人以外的事物	動詞	
			主詞＋動詞	可省略
	whose	人	名詞	
	what	無	動詞	不需先行詞
			主詞＋動詞	
關係副詞	where	場所	主詞＋動詞	不可省略
	when	時間		可省略
	why	只有 reason		可省略

緊密連結兩個句子！關係代名詞 who 及 that 的用法

TRACK_75

快記！ 先行詞若為人用 who，人以外的事物則用 that

〈關係代名詞＋動詞〉即成為形容詞子句

接下來要說明的是關係代名詞的用法。只要使用關係代名詞，就可以在**名詞（先行詞）後面加上以＜關係代名詞＋動詞＞所組成的形容詞子句**。

看圖學文法

請記住，若**先行詞為人**則關係代名詞用 **who**；若**先行詞為人以外的事物**則關係代名詞用 **that**。我想各位在學校學到的是較為複雜的文法規則，但在實際運用上只要記住這些規則就已十分足夠。

由關係代名詞形成的子句包含兩個部分。請見下面的圖解。

看圖學文法

先行詞

I want **a knife**.　　The knife cuts well.

（我想要一把刀）　　（那把刀很好切。）

後面這句的主詞與先行詞相同，所以用 that 置換

I want **a knife** that cuts well.

先行詞

（我想要一把好切的刀。）

由於 the knife 為人以外的物品，所以關係代名詞要用 that。上述的例句中，**who 及 that 的作用是作為後面動詞的主詞**。關係代名詞其實就是先行詞與後面的動詞之間的黏著劑。我們再看看幾個例句。

從例句學文法

- I work for a shop that sells fancy handmade goods.

（先行詞：a shop；關係代名詞：that）
└修飾先行詞 a shop

我在一家販賣精緻手作商品的商店工作。

- I need someone who can help me.

（先行詞：someone；關係代名詞：who）
└修飾先行詞 someone

我需要一個可以幫助我的人。

關係代名詞給人一種好像很困難的感覺，但只要漸漸熟悉用法，就一定會覺得這個用法相當方便好用。

可省略的關係代名詞 who 與 that 的用法

TRACK_76

快記！ 名詞後可直接接續主詞＋動詞

可省略的關係代名詞

接下來將**說明如何把＜關係代名詞＋主詞＋動詞＞這個形態的形容詞子句，接續在名詞（先行詞）之後**。我們試著藉由下面的例句來思考看看。

看圖學文法

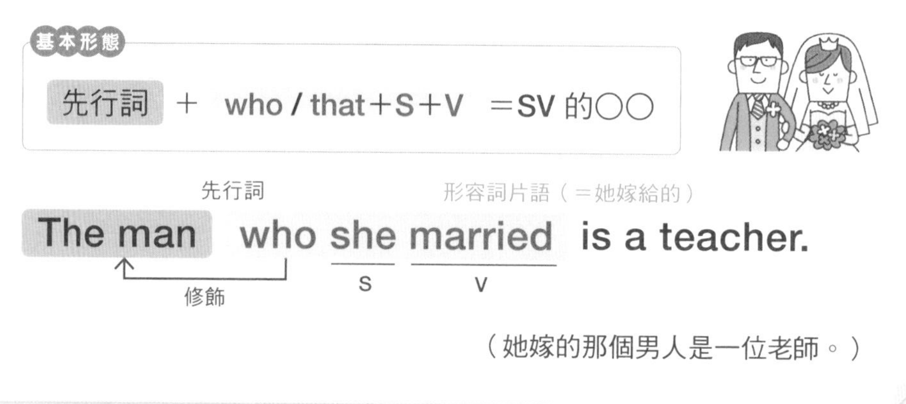

如果將這個句子分解成 The man is a teacher 以及 She married him 兩個句子來看，就比較容易理解。請看下面的圖解。

看圖學文法

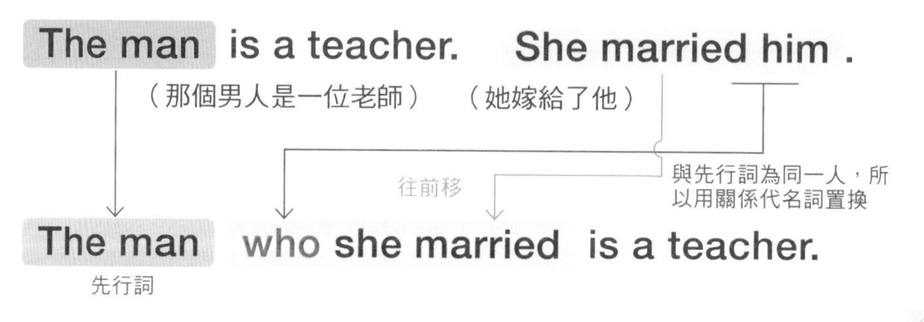

結果便形成**先行詞＋who＋S（she）＋V（married）**這樣的句型。**在日常對話中，這種句型中通常會省略關係代名詞（who / that）**。

The man she married is a teacher.
S V

總之，當以此句型表達時，**只要在名詞（先行詞）之後加上<主詞＋動詞>**，完全無需思考要用 who 還是 that。要讓自己熟悉這個句型，只需反覆練習「把句尾的名詞移到句首」即可。

以 I read the book（我讀了那本書）這個句子為例，如果把句尾的名詞 the book 移到句首，就可以把句子改成 the book I read（我讀了的那本書）。以下的例句都是類似的句型，請透過例句確認正確的用法。

Part 2 關係詞 3

從例句學文法

- **The chocolate she gave me tasted good.**
  └先行詞 └修飾先行詞 The chocolate
  她給我的巧克力很好吃。

- **Is this the key you were looking for?**
  └先行詞 └修飾先行詞 the key
  這是你在找的鑰匙嗎？

- **Sumo is the sport I like best.**
  └先行詞 └修飾先行詞 the sport
  相撲是我最喜歡的運動。

- **This is a photo I took at the aquarium.**
  └先行詞 └修飾先行詞 a photo
  這是我在水族館拍的一張照片。

- **The DVD I watched yesterday was very exciting.**
  └先行詞 └修飾先行詞 The DVD
  我昨天看的那片 DVD 非常刺激。

只要記得，這個句型的重點在於「關係子句可以直接接續在欲詳加說明的名詞之後」。

試著使用關係代名詞 whose 表達

TRACK_77

快記！ 當先行詞為人，才能使用 whose

〈whose＋名詞～〉即為形容詞子句

當先行詞為人時，才能使用 whose 這個關係代名詞。做法與先前介紹的關係詞相同，詳細的說明請見下面的例句。

看圖學文法

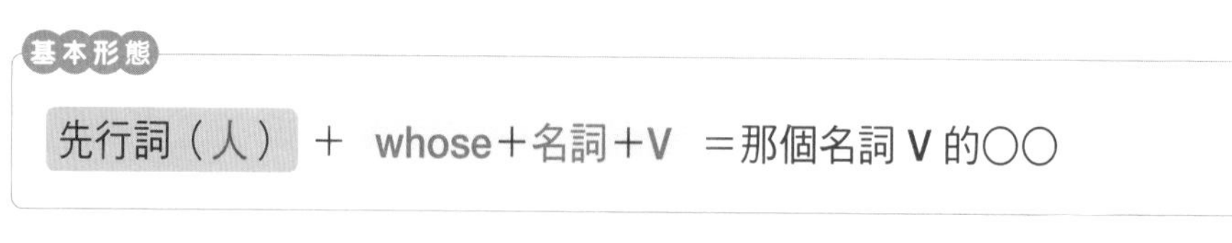

先行詞（人）　形容詞子句（＝車子被偷的）

The man whose car was stolen is my boss.

修飾　名詞　V

（那個車子被偷的男子是我的上司。）

這種說法雖然並不是很常聽到，不過為了對各種英語句型都略有涉獵，還是多少要瞭解一下。我們再看看另一個例句。

從例句學文法

- **I have a colleague whose brother is a comedian.**

  └修飾先行詞 a colleague

  我有一個哥哥是喜劇演員的同事。

以關係副詞 where、when、why 表示場所、時間及原因

TRACK_78

快記！ 只有 where 一定不可省略

關係副詞最簡單的用法

學校教的關係副詞主要有 **where**、**when**、**why** 三種。若各位英語的使用需求僅限於日常對話，只要記得以下的用法就已足夠。

看圖學文法

基本形態

❶ 場所 ＋ where＋完整的句子 ＝～的〇〇〔場所〕

❷ 時間 （＋when）＋完整的句子 ＝～的〇〇〔時間〕

❸ reason （＋why）＋完整的句子 ＝～的理由

❶ This is **the office** (先行詞) where I worked two years ago. (完整的句子)

└where 不能省略！ 修飾

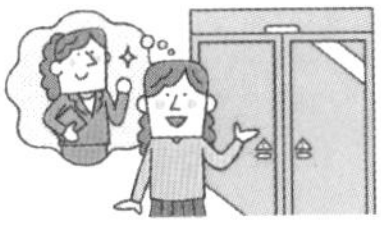

（這是我兩年前工作的辦公室。）

❷ Do you remember **the day** (先行詞) (when) you went there? (完整的句子)

└when 可省略！ 修飾

（你記得你去那裡的那一天嗎？）

❸ Do you know **the reason** (先行詞) (why) he said that? (完整的句子)

└why 可省略！ 修飾

（你知道他說那些話的原因嗎？）

與關係代名詞一樣，關係副詞加上後續的句子即為形容詞子句，作用是說明先行詞。其實 **when 及 why 是可以省略的**（實際上也大多會省略），不過 **where 就不會被省略**。接著我們再看看其他的例句。

從例句學文法

- This is the place where I grew up.
  └修飾先行詞 the place
  這是我成長的地方。

- It was a very hot day when we arrived.
  └修飾先行詞 a very hot day
  我們抵達的那一天非常炎熱。

- I don't know the reason why he is absent.
  └修飾先行詞 the reason
  我不知道他缺席的原因。

- I want a garden where I can grow vegetables.
  └修飾先行詞 a garden
  我想要一個可以讓我種蔬菜的菜園。

- Friday is the day when I'm busiest.
  └修飾先行詞 the day
  星期五是我最忙碌的一天。

- There must be a reason why the package hasn't arrived yet.
  └修飾先行詞 a reason
  包裹尚未到達一定有原因。

另外在日常對話中，**that's why~**（這就是～的原因／這就是為什麼～）是十分常用的詞組，最好把它整個記住。

從例句學文法

● "He's just lost his dog."
└現在完成式（由過去持續至今的狀態）

"Oh, that's why he looks so depressed."
└省略了先行詞 reason

「他才剛失去了他的狗。」／「噢，這就是他看起來如此沮喪的原因。」

進階解說

內含關係副詞的詞組

如果把大量關係副詞 where 及 when 的例句記在腦中，就能靈活運用這一類的句型。

以下為使用 where 的詞組。

a place where it never snows	從來不下雪的地方
the office where he works	他工作的辦公室
the house where I was born	我出生的房子
the shop where I bought this ring	我買了這個戒指的商店
the street where the accident happened	意外發生的街道
the hotel where I usually stay in Osaka	我在大阪習慣住的飯店
a town where I want to live	我想住的城鎮
a country where prices are low	物價低的國家

以下為使用 when 的詞組。

the time when he arrived	他抵達的時間
the time when you will succeed	你成功的時候
the day when I first met her	我第一次遇見她的日子
the day when it is convenient for you	你有空的日子
a week when we are very busy	我們非常忙碌的一週
a month when it rains a lot	雨下得很多的一個月
the year when the Olympic Games are held	奧運舉行的那一年
the year when the war ended	戰爭結束的那一年

可造出名詞子句的關係代名詞 what 的用法

TRACK_79

快記！ what 不需要先行詞

關係代名詞 what 是表示「～的事物」

關係代名詞還有一個非學不可的就是 what。what 作為疑問詞使用時是表示「什麼」的意思；作為關係代名詞使用時，則等同於 **the thing(s) that**，也就是**「～的事物」**的意思。由於 what 包含先行詞（the thing[s]）的語意在內，所以**並不需要先行詞**。請記住下列三個基本句型。

看圖學文法

基本形態

❶ what ＋ S+V …＝S 所 V 的事物…

❷ what ＋ V（be 動詞） …＝～的事物是…

❸ what ＋ V（一般動詞） …＝V 的事物…

包含先行詞

❶ I can't believe what he said .

讓人驚訝的東西

（我無法相信他說的話。）

包含先行詞

❷ What is important is to do your best.

修飾 V（be 動詞）

（重要的是要盡力而為。）

包含先行詞

❸ What surprised me was her new hair style.

修飾 V（一般動詞）

（令我驚訝的是她的新髮型。）

what 引導**名詞子句**這點，是與其他關係代名詞最大的不同。
請透過以下的例句，確認底線處皆為名詞子句。

從例句學文法

- **This is what I was looking for.**
  └名詞片語（等同於 This）
  這就是我（當時）在尋找的。

- **What she did was wrong.**
  └名詞片語＝句子的主詞
  她所做的是錯的。

- **What is necessary for me is money.**
  └名詞片語＝句子的主詞
  對我來說不可或缺的是錢。

- **You are what you eat.**
  └名詞片語（你吃的東西）
  人如其食（你是你所吃的東西）。

關係代名詞 what 十分常用，因此只要記住 what 的用法，就一定會對理解日常對話等情境有所助益。

進階解說

靈活運用關係代名詞 what 的訣竅

靈活運用關係代名詞 what 的訣竅，就是經常運用本單元介紹的這三種用法。以下的各類用法最好通通學起來。

①what＋S＋V …＝S 所 V 的（事物）…
→what I need（我所需要的）、what you are saying（你所說的）、what my mother bought for me（母親所買給我的）等。

②what＋V（be 動詞）…＝～的（事物）是…
→what is necessary（不可或缺的是）、what is important（重要的是）、what was interesting（有趣的是）等

③what＋V（一般動詞）…＝V 的（事物）…
→what happened then（當時發生的是）、what excited us（讓我們興奮的是）、what impressed me（讓我印象深刻的是）等。

實戰練習

關係詞

Basic

關係詞的種類雖多，但只要常用就會熟悉它的用法。現在請各位試著將下列的句子以英語表達出來。空格中須填入的單字，都有第一個字母作為提示（若單字不足三個字母則不會有任何提示）。對完答案後，請再次聆聽音檔，並在每個句子中文朗讀結束後、英語朗讀開始前的地方暫停，試著練習用英文把句子說出來。

1 我想要一個年紀比我大的男朋友。（➡P176）

I want a b______ w______ ______ older than me.

2 我養了一隻有著長尾巴的狗。（➡P176）

I have a d______ t______ h______ a long tail.

3 這是一篇我的兒子寫的作文。（➡P178）

This is an e______ ______ s______ w______.

4 我有一位公司營運順利的朋友。（➡P180）

I have a f______ w______ c______ is going well.

5 我出生於我父親過世的那一年。（➡P181）

I was born the y______ w______ ______ f______ d______.

6 那就是為什麼我搬到這裡來。（➡P181）

T______ w______ I moved here.

7 他說的話是真的。（➡P184）

W______ he s______ is t______.

8 這不是我點的東西。（➡P184）

This i______ w______ I o______.

Challenge

各位可藉由此練習測試自己是否真正學會先前所學的內容。對完答案後，請再次聆聽音檔，並在每個句子中文朗讀結束後、英語朗讀開始前的地方暫停，試著練習用英文把句子說出來。

1 遭遇事故的女人是我的伯母。（➡P176）

2 我昨天看的電影真是刺激。（➡P178）

3 這是我出生的醫院。（➡P181）

答案在 ➡P251

常用連接詞 and、or、but 的用法

TRACK_81

快記！ **and、or、but 都對等地連接單字、片語或句子**

以對等關係連接的連接詞

連接詞是用來連接兩個（以上）的單字、片語或句子。連接的方式有數種不同的型態，本節將介紹的是**以對等關係連接**的連接詞。

對等連接詞主要有 **and**（和、而且）、**or**（或、還是）、**but**（但是）這三個。以下的例句，同一個句子裡畫底線的部分即屬於對等關係的詞語。

看圖學文法

● 連接兩個單字或片語

I go to the gym on Tuesdays and Fridays.
（Tuesdays：名詞；Fridays：名詞）

I go to the gym on Tuesdays and on Fridays.
（on Tuesdays：介系詞＋名詞；on Fridays：介系詞＋名詞）

（我每星期二和星期五去健身房。）

● 連接三個以上的單字或片語

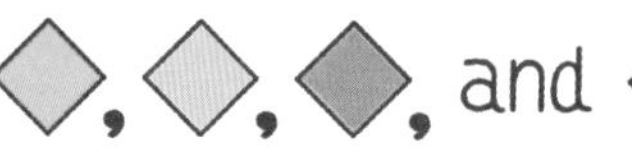

We need to buy some sugar, salt, flour, and milk.
（sugar：名詞；salt：名詞；flour：名詞；milk：名詞）

連接三個以上的單字或片語，
and 只要放在最後一個單字或片語前即可

（我們需要買一些糖、鹽、麵粉和牛奶。）

我們透過例句來看看 and 以外的連接詞。

從例句學文法

- **Which do you prefer, meat or fish?**
  meat └名詞　fish └名詞
  你比較喜歡哪一個，肉還是魚？

- **For here or to go?**
  For here └片語　to go └片語
  內用還是外帶？　※此為速食店店員的固定用語。

- **I like sci-fi movies, but my sister likes horror movies.**
  I like sci-fi movies └句子　my sister likes horror movies └句子
  我喜歡科幻電影，但我姊姊喜歡恐怖電影。

- **I'll go there by my car or by taxi.**
  by my car └介系詞＋名詞　by taxi └介系詞＋名詞
  我會自己開車或搭計程車過去。

- **I tried hard, but couldn't solve the puzzle.**
  tried └動詞　couldn't solve └動詞
  我盡力了但無法解開謎題。

進階解說

and 及 or 所連接的必須是對等的關係

以 A and B 為例，A 和 B 不管在語意上或是在文法上皆為對等的關係。

He invited her and me to the Christmas party.
（her = A，me = B）
（他邀了她和我去耶誕節派對。）

在這個句子中，「邀請她」為 invite her；「邀請我」為 invite me；若要邀請這兩人則得以 invited her and me 表示。這裡不能用 invited her and I，是由於 her 為受格，所以 and 之後也一定要使用受格。I 為主格的代名詞，因此這裡若用 I 就不對了（➡ P124）。

when、if、because 可作為修飾語

快記！ 後面要接續完整的句子

可造出具修飾作用子句的連接詞

前一節提過的 and 及 or 是將兩個以上的單字、片語或句子以對等關係連接的連接詞。本節要介紹的是另一種**可造出具修飾作用子句**的連接詞，例如 **when**（當～時）。我們來看看下面的圖解。

看圖學文法

(a) I was drinking tea then.

修飾語（可省略）

修飾

（我當時正在喝茶。）

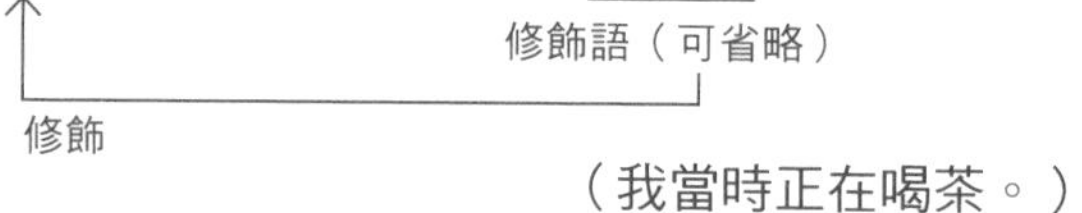

(b) I was drinking tea when the telephone rang.

修飾

修飾語（可省略）

（電話響時我正在喝茶。）

(a) 的 then 是針對該句補充說明的修飾語，可以省略。(b) 句中底線的部分也一樣是修飾語，如果省略這個部分，使句子只剩下 I was drinking tea，雖然在文法上仍然算是一個完整的句子，但想傳達的句意卻未被完整表達出來。這時只要用 when 就可以造出一個「具修飾作用的子句」，不過 when 後面要接續的必須是一個**完整的句子**。

【參考】(a) 的 then 若置於句首，是表示「然後」的意思。因此若是要表示「當時」之意，原則上要放在句尾。(b) 也可改成 When the telephone rang, I was drinking tea.。

此類型主要的連接詞，除了 when 以外，還有 **if**（如果）和 **because**（因為）。我們來看看下列的例句，句中畫底線的部分是具有修飾作用的子句（即使省略這個部分，句子仍可成立）。

從例句學文法

- **If you like music, how about jazz?**
  └條件　└完整形態的句子＝你喜歡音樂
  如果你喜歡音樂，爵士樂怎麼樣？

- **The game was canceled because it rained.**
  └理由　└完整的句子＝下雨
  比賽因為下雨而被取消。

- **If it is fine tomorrow, we'll go fishing.**
  └條件　└完整的句子＝明天天氣好
  如果明天天氣好，我們就去釣魚。

- **I went to bed early last night because I was tired.**
  └理由　└完整的句子＝我累了
  我因為累了所以昨晚早早就上床睡覺。

- **Please call me when you arrive.**
  └時間　└完整的句子＝你到了
  等你到的時候，請撥通電話給我。

進階解說

when、if、because 要接<主詞＋動詞>這樣的句子

這些連接詞要接續的是有<主詞＋動詞>結構的句子，要特別注意，後面不能只加上動詞或名詞。

我讀國中時去了美國。

（主詞 動詞：I was）

→○ I went to America when I was a junior high school student.

× I went to America when junior high school.

比賽因為下雨而被取消。

（主詞 動詞：it rained）

→○ The game was canceled because it rained.

× The game was canceled because (the) rain.

that、if 可用來造出名詞子句

TRACK_83

快記！ that 和 if 可用來連接句子

造出名詞子句的連接詞

到目前為止，我們學習了「以對等關係連接的連接詞（and 等）」以及「造出具修飾作用子句的連接詞（when 等）」。本節將介紹第三種，也就是用來造出**名詞子句**的連接詞，即 **that**（～這件事）以及 **if**（是否～）。

看圖學文法

基本形態

❶ S＋V＋that＋完整的句子＝S V～（這件事）

❷ S＋V＋if＋完整的句子＝S V 是否～

❶ He (S) says (V) (that) he is a genius (完整的句子；名詞子句（他是天才這件事）).

（他說他是天才。）

❷ She (S) asked (V) if I liked movies (完整的句子；名詞子句（我喜歡電影這件事）).

（她問我是否喜歡電影。）

日常對話中經常會**省略 that**。而經常用在此類句型的主要動詞如下。

記起來 後接 that 的主要動詞

believe	相信	remember	記得
hope	希望	say	說
know	知道	think	想

接著是 if。if 若用來造具修飾作用的子句，是「如果」的意思（➡P191），但**若是用來造出名詞子句，則是表示「是否」的意思**。若能把下列的句型記起來，將會非常方便實用。

記起來 後接 if 的句型

I don't know if~	我不知道是否～
I wonder if~	我很好奇／在想是否～
I'm not sure if~	我不確定是否～
I'll ask＋人＋if~	我會問（人）是否～

那麼我們再來看看 that 及 if 的其他例句。

從例句學文法

- **I hope that the train is on time.**
  └名詞子句＝火車準時抵達
  我希望火車準時抵達。

- **I didn't know that she's the same age as me.**
  └名詞子句＝她與我同年齡
  我不知道她與我同年齡。

- **I don't know if she is married.**
  └名詞子句＝她是否已婚
  我不知道她是否已婚。

- **I'll ask him if he will come.**
  └名詞子句＝他是否會來
  我會問他是否會來。

只要學會使用 that 及 if，就能更明確地表達自己的想法。

實戰練習

連接詞

TRACK_84

Basic

前面幾個章節我們介紹了可連接兩個以上的單字、片語或句子的連接詞。現在請各位試著將下列的句子以英語表達出來。空格中須填入的單字，都有第一個字母作為提示（若單字不足三個字母則不會有任何提示）。對完答案後，請再次聆聽音檔，並在每個句子中文朗讀結束後、英語朗讀開始前的地方暫停，試著練習用英文把句子說出來。

1 她是你的妹妹還是姊姊？（➡P188）

Is she your younger sister ___ o___ s___ ?

2 我去了大阪並在那裡待了一週。（➡P188）

I went to Osaka a___ s___ t___ f___ a week.

3 我試了三次但都失敗了。（➡P188）

I tried three times b___ f___ .

4 如果吵醒了你，我很抱歉。（➡P190）

I'm sorry ___ I w___ y___ up.

5 我因為感冒了而沒有外出。（➡P192）

I didn't go out b______ I h______ a c______.

6 我認為他的生活方式很酷。（➡P192）

I t______ t______ h______ l______ is cool.

7 我聽說她是一位醫生。（➡P192）

I h______ t______ she is a d______.

8 我不確定這篇文章是否屬實。（➡P192）

I'm n______ s______ ______ this article is true.

Challenge

各位可藉由此練習測試自己是否真正學會先前所學的內容。對完答案後，請再次聆聽音檔，並在每個句子中文朗讀結束後、英語朗讀開始前的地方暫停，試著練習用英文把句子說出來。

1 我小時候很喜歡冰淇淋。（➡P190）

2 電話鈴響時，我正在洗澡。（➡P190）

3 我很好奇我們的公車是否會準時到站。（➡P192）

答案在 ➡P252

介系詞可用來造出具修飾作用的片語

TRACK_85

快記！ 介系詞就像是中文的「介詞」

介系詞可以造出具修飾作用的片語

介系詞的位置是**「在名詞之前」**，在 13 頁及 47 頁都稍稍提過一些。本節將針對介系詞的基本功用做介紹。

介系詞近似於中文中的「介詞」。例如「往學校去」的英文是 go to school，就可以想成是〈往＝to〉。

而介系詞最基本的功用，就是**造出具修飾作用的片語**。請看以下的兩個例句。

看圖學文法

(a) Young people in Japan like pop music.

修飾 young people

（日本的年輕人喜歡流行音樂。）

／修飾前面名詞＼

(b) Young people like pop music in Japan .

修飾前面的整個句子

（在日本，年輕人喜歡流行音樂。）

／修飾整個句子＼

比較上面的兩個句子，(a) 句中的 in Japan，由於是**用來修飾前面的名詞（young people）**，所以是表示「日本的年輕人」之意（也就是說 in Japan 是形容詞片語）。

另一方面，(b) 的 in Japan 並不是用來修飾前面的名詞 music，而是**替整個句子添加補充**「在日本」這項**資訊**。沒想到介系詞還有這樣的用法吧！

另外，主要用來**表示場所的介系詞**，若放在 **be 動詞之後**，是表示**「在～（的地方）」**的意思。

看圖學文法

基本形態

be 動詞 ＋ 表示場所的介系詞 ＋ 名詞（場所）
＝在～（的地方）

The bookstore is around that corner.

is：be 動詞　around：表示場所的介系詞　that corner：場所

（書店在那個轉角附近。）

個別介系詞的語意，請在運用介系詞的同時將其牢記下來。大部分的介系詞後面，不但可接續**具體事物**，也可以接續**抽象的事物**。

例如在 in the room（房間裡）中，room 是眼睛看得到的具體事物，但在 in the future（在將來）或是 in my opinion（在我看來）中，future 和 opinion 都是眼睛看不到的抽象事物，而兩種皆可搭配 in。只要能像這樣，理解每個介系詞在各種用法中的語意，就會更容易掌握個別介系詞本身所傳達的核心概念。

從例句學文法

- **My brother is in Canada now.**
  is：be 動詞　in Canada：場所
  我哥哥現在在加拿大。

- **I'm at the station now.**
  'm：be動詞　at the station：場所
  我現在在車站。

實戰練習

介系詞

TRACK_86

Basic

請以介系詞本身所傳達的核心概念為依據，試著將下列的句子以英語表達出來。空格中須填入的單字，都有第一個字母作為提示（若單字不足三個字母則不會有任何提示）。對完答案後，請再次聆聽音檔，並在每個句子中文朗讀結束後、英語朗讀開始前的地方暫停，試著練習用英文把句子說出來。

1 這個籃子裡的水果很新鮮。（➡P196）

The f____ ____ t____ b____ is fresh.

2 牆上的那幅畫很美。（➡P196）

The p____ ____ t____ w____ is beautiful.

3 我們等下一班公車吧。（➡P196）

L____ w____ f____ the next bus.

4 她們看起來像雙胞胎。（➡P196）

They l____ l____ t____ .

5 我的父母來自東京。（➡P196）

My p____ a___ f___ Tokyo.

6 我隸屬於業務部門。（➡P196）

I ___ ___ the s___ d___.

7 我們六點前就到飯店了。（➡P196）

We g___ ___ the hotel b___ six.

8 我早上十一點起床。（➡P196）

I got up ___ eleven ___ the morning.

Challenge

各位可藉由此練習測試自己是否真正學會先前所學的內容。對完答案後，請再次聆聽音檔，並在每個句子中文朗讀結束後、英語朗讀開始前的地方暫停，試著練習用英文把句子說出來。

1 我（那時）在找一家在車站附近的銀行。（➡P196）

2 日本大部分的年輕人都有智慧型手機。（➡P196）

3 你應該想想自己的未來。（➡P196）

答案在 ➡P253

專欄

不及物動詞與及物動詞的不同之處

英語中的動詞，依其接續名詞的方式分為可直接接續及不可直接接續兩種。例如 discuss（討論）這個動詞，就可以像 discuss the matter（討論那件事）一樣，直接將名詞接續在後，這樣的動詞就稱為**及物動詞**。相對地，像動詞 arrive（到達）就不能直接把名詞接在後面，這樣的動詞就稱為**不及物動詞**。

不及物動詞的後方如果要接續名詞，就要使用介系詞。如果想要以前面提到的 arrive 表示「到達車站」之意，就要加上 at（在～），以 arrive at the station（到達車站）的方式表達。

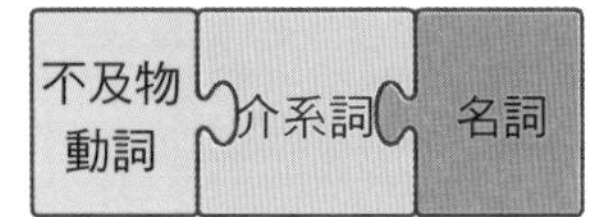

在英語中有非常多＜不及物動詞＋介系詞＞的用法。下表中列舉了一些日常生活中常用的表達方式，請試著出聲朗讀並記住這些用法，最好可以做到在想用時就能立刻浮現在腦中。

記起來 **常用的＜不及物動詞＋介系詞＞用法**

arrive at~	到達～	ask for~	要求～
belong to~	屬於～	come from~	來自～
get into~	進入～	get out of~	從～出去
get to~	到達～	listen to~	聽～
look at~	看著～	look for~	尋找～
look like~	看起來像～	succeed in~	在～成功

prat 3
更豐富的句型變化

- 比較句型
- 假設語氣

比較兩項以上事物的基礎比較句型

TRACK_87

快記！比較有三種：原級、比較級、最高級

比較是藉由形容詞的三種變化表示

我們在日常生活中常會把兩件以上的事物拿來做比較，例如我們常會說「這部電影比較好看」、「這部電影最好看」之類的。像這樣將某項事物與其他事物做比較時，英語會以**形容詞**的下列三種變化表示。

- **原　級：比較兩項事物，表示「A 和 B 一樣～」的用法。**
- **比較級：比較兩項事物，表示「A 比 B 更～」的用法。**
- **最高級：比較三項以上的事物，表示「A 是最～」的用法。**

就像下列表格中的形容詞，分別都有三種變化的形態。

確認 **比較用法的形容詞變化**

形容詞	原級	比較級	最高級
tall（高的）	tall	taller	tallest
expensive（昂貴的）	expensive	more expensive	most expensive

原級是以形容詞**原本的形態**表示。比較級和最高級則分別各有兩種不同形態的表達方式。像 tall 這種**較短的形容詞**，就在字尾加上 **er 或 est**；而像 expensive 這種**較長的形容詞**，就要在前面放上 **more 或 most** 表示。

另外，在使用比較句型時，「**以同類的事物進行比較**」這一點也很重要。假設以 Hiroshi 與 Kenta 進行比較，由於兩者皆為人類，所以就可以用 Hiroshi is taller than Kenta.（Hiroshi 比 Kenta 高）來比較這兩人的身高。但是如果要拿 Hiroshi 和英語比，因為英語根本沒有身高這種東西，所以沒辦法進行比較。

三種級別的比較句型會在後續章節再做詳細的介紹。本節就先來看看形容詞在這三種句型中的變化。

看圖學文法

形容詞原級

原 級 His car is as **expensive** as your car.

（他的車和你的車一樣貴。）

形容詞比較級

比較級 His car is **more expensive** than your car.

（他的車比你的車更貴。）

形容詞最高級

最高級 His car is the **most expensive** of all the cars.

（他的車是所有車中最貴的。）

前面已提過**比較級及最高級各有兩種表達方式**。不過若要表示**原級**，無論**原本的形容詞是長或短，都會在前後加上 as**。

那麼，我們再來看看其他的例句。

從例句學文法

- **My boss is as old as you.**

  └形容詞原級（old）

  我老闆年齡和你一樣大。

- **Your vacation is longer than mine.**

  └形容詞比較級（longer）

  你的假期比我的長。

- **This is the most useful information.**

  └形容詞最高級（most useful）

  這是最有用的資訊。

表示「同級別事物」的原級用法

TRACK_88

快記！「和…一樣～」會在形容詞的前後加上 as

原級的肯定句

本節先來看看原級的表達方式。基本形態如下所示。

看圖學文法

基本形態

A is as＋ 形容詞原級 ＋as B. ＝A 和 B 一樣～

形容詞原級

The country is as small as Shikoku.

└表示場所的名詞　└表示場所的名詞

（這個國家和四國一樣小。）

上面的例句中，the country 及 Shikoku 這兩者都是表示場所的名詞。就如在 202 頁提過的，在做比較時，**將同類型的事物放在一起比較**是很重要的。

我們再看看其他肯定句的例句。

從例句學文法

● **I'd like to visit as many countries as I can .**

└比較國家的數量多寡

我想盡我所能地拜訪許多國家。

原級的否定句

接著我們再來看否定句的用法。

看圖學文法

基本形態

A is not as＋形容詞原級＋as B. ＝A 沒有 B 那麼～

形容詞原級

He is not as tall as his father.

加入not

（他的身高沒有他父親高。）

父親的身高
比較高

原級的否定句是在第一個 as 前加入 not。原級的比較用法還有一些較複雜的表達方式，不過在本節只需學會最基本的肯定句以及否定句即可。

接著再來看看其他例句。

從例句學文法

● **My cell phone is not as new as yours.**

└沒有你的那麼新＝比你的舊

我的手機沒有你的那麼新。

雖然原級的比較用法是在形容詞的前後加上 as，但有時會在形容詞之後再加上名詞。例如 204 頁的 as many countries as I can 即為一例。

像 **as many 複數名詞 as I can**（盡我所能地～）這樣的句型，只要將複數名詞的部分代入其他的名詞，就能應用在其他類似的情境或對話脈絡之中，請務必善用這樣的句型。

試著利用比較級比較兩項事物

TRACK_89

快記！ 表示「比…更～」要加 er 或是 more

比較級的表示方式有兩種

接著是比較級。比較級是指將 A 和 B 這兩項事物進行比較，表示「A 比 B 更～」的用法。就如 202 頁所見，形容詞比較級若是 ❶ **較短的形容詞就在字尾加 er**；❷ **較長的形容詞就在前面加 more**。基本句型如下所示。

看圖學文法

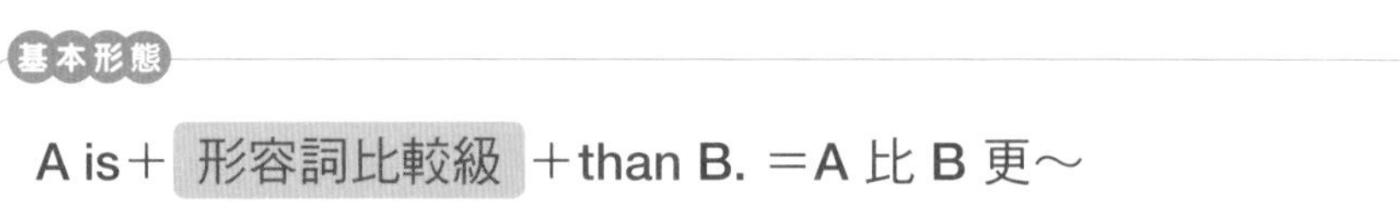
基本形態

A is＋ 形容詞比較級 ＋than B. ＝A 比 B 更～

❶ The country is **smaller** than Shikoku.

（形容詞比較級：smaller；A：The country；B：Shikoku）

└small 屬於較短的形容詞，所以加 er

（這個國家比四國還小。）

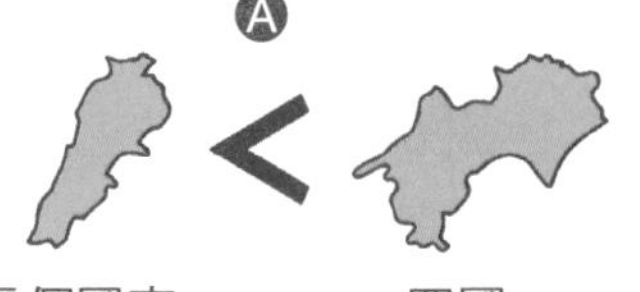

❷ The reading part of the test was **more difficult** than the listening part.

（形容詞比較級：more difficult；A：The reading part of the test；B：the listening part）

└difficult 屬於較長的形容詞，所以加 more

（測驗的閱讀部分比聽力部分更困難。）

A 與 B 是以同類型的事物進行比較，❶ 是表示比較場所，❷ 則是比較測驗單元。

使用比較級的疑問句

我想在日常對話中，多少都會拿兩項事物詢問對方「哪一個比較～？」。我們來看看這種情境下所使用的疑問句。

看圖學文法

基本形態

Which [Who]＋is＋ 形容詞比較級 , A or B?
＝A 和 B 哪一個〔誰〕比較～？

Which is faster, train or bus?

└❶ 這裡不用 What！

（火車和公車哪一個比較快？）

每當提出與事物有關的疑問時，都會想到要用 what 當作疑問詞，但這裡要用 which。另外，上面例句中的 A 與 B **若為人的時候**，就要把 which 改成 **who**。關於比較級的用法，目前只要先學會一開始提到的比較級肯定句以及疑問句這兩種句型即可。

接著我們再來看看其他比較級的例句。

從例句學文法

- **This sofa is more comfortable than that one.**

└comfortable 屬於較長的形容詞，所以加 more！

這張沙發比那一張舒服。

※one 是用來代稱單數名詞的代名詞，此處用來代替 sofa。

- **This summer is cooler than last summer.**

└cool 屬於較短的形容詞，所以加 er！

今年夏天比去年涼爽。

- **The Akita inu is much larger than the Shiba inu.**

└large 屬於較短的形容詞，所以在字尾加 er！

秋田犬〔Akita inu〕比柴犬〔Shiba inu〕更大得多。

※much 為「更～得多、遠較」之意，常用來加強比較級。

試著利用最高級比較三項以上的事物

TRACK_90

快記！「最～」是以〈the＋形容詞最高級〉表示

最高級也有兩種表達方式

最後是最高級。最高級原則上是拿三項以上的事物做比較，用來表示其中之一的「A 是最～的」的表達方式。基本形態如下所示。

基本形態

A is the＋ 形容詞最高級 ＋of / in B. ＝A 是 B 當中最～的

形容詞最高級

Ken is the **tallest** of all the players.

由於為複數的名詞，所以用 of

tall 屬於較短的形容詞，所以加 est

（Ken 是所有選手中最高的。）

形容詞最高級

This ring is the **most expensive** in the shop.

expensive 屬於較長的形容詞，所以加 most

由於為單數的名詞，所以用 in

（這個戒指是店裡最貴的。）

別忘了**形容詞的最高級要加 the**。

就如在 202 頁提到過的，最高級的表達方式也會因形容詞的長短而有所不同。關於 of 與 in 的使用時機，基本上請記住**「後面的名詞若為複數就用 of，若為單數就用 in」**。例如 of us（我們之中）、in Japan（日本之中）。

那麼我們再來看看其他例句。

從例句學文法

- **My sister is the most intelligent in my family.**

  └intelligent 屬於較長的形容詞，所以加 most！

  └後方為單數名詞，所以用 in

  我妹妹是我們家中最聰明的。

- **He is the youngest member on the team.**

  └young 屬於較短的形容詞，所以在字尾加 est！

  └若非指個別的成員，而是指一整個團隊時用 on

  他是隊伍中年紀最輕的成員。

- **Mount Fuji is the highest mountain in Japan.**

  └high 屬於較短的形容詞，所以在字尾加 est！

  後方為單數名詞，所以用 in

  富士山是日本最高的山。

使用最高級的疑問句

我想在日常對話中一定會有機會詢問別人「哪一個是最～的？」。以下便介紹其中一種表達方式。

看圖學文法

基本形態

Which [Who]＋is＋ 形容詞最高級 ＋of [in]…

＝…之中最～的是哪一個〔誰〕？

形容詞最高級

Who is the best singer of your friends?

└後方為複數名詞，所以用 of

（你的朋友中最會唱歌的是誰？）

Part 3 比較句型 4

上述的例句也可以用 Which 代替 Who，以 Which of your friends is the best singer? 表示，語意幾乎完全相同。

從例句學文法

● Which is the largest prefecture in the Tohoku region?
└large 的最高級
東比地區中最大的縣是哪一個？

● Who is the greatest politician in American history?
└great 的最高級
誰是美國歷史上最偉大的政治家？

「最～（等級、規模等）」的表達方式

另外，還有一種與最高級有關的用法，希望各位一定要學會，那就是「**最～（等級、規模等）**」。例如，不是要表達「規模、大小是日本第一」，而是指「在日本境內**相同等級**、**大小**、**規模**的幾個主題樂園**之一**」的意思時，會以下列的句型表示。

看圖學文法

基本形態

one of the＋ 形容詞最高級 ＋ 名詞複數 ＝最～的…其中之一

形容詞最高級　名詞複數
This is one of the biggest theme parks in Japan.
└big 屬於較短的形容詞，所以在字尾加 est（因為發音的關係，要先重複一個 g）！

（這是日本最大的主題樂園之一。）

日本最大的主題樂園之一

以上就是在最高級前加上 **one of**，用來表示「○○的其中之一」的句型。

本節介紹了最高級的肯定句、疑問句以及最～（等級、規模等）的相關用法。若想要達到能自由運用英語的境界，最重要的還是要熟悉各種用法。以下就來看看「最～（等級、規模等）」的例句。

從例句學文法

● **He is one of the most famous golfers in the world.**

後接複數名詞 ─ one of；the most famous ─ famous 屬於較長的形容詞，所以加 most！；in ─ 後面為單數名詞，所以用 in

他是世界上最知名的高爾夫球手之一。

● **Yokohama is one of the biggest cities in Japan.**

the biggest ─ 加 g 之後再加上 est

橫濱是日本最大的城市之一。

如此一來，各位就知道不同事物進行比較時該如何表達。這些句型非常方便好用，請務必牢記下來。

進階解說

比較級與最高級的總整理

下表彙整了一些常用形容詞的比較級及最高級。請把這些形容詞牢牢記住。要特別留意的是，部分形容詞的字尾有些許不同。

原級	比較級	最高級
beautiful（美麗的）	more beautiful	most beautiful
big（大的）	bigger	biggest
difficult（困難的）	more difficult	most difficult
easy（容易的）	easier	easiest
famous（有名的）	more famous	most famous
large（大的）	larger	largest

實戰練習

比較句型

TRACK_91

Basic

現在請各位運用先前學過和比較句型有關的內容，試著將下列的句子以英語表達出來。空格中須填入的單字，都有第一個字母作為提示（若單字不足三個字母則不會有任何提示）。對完答案後，請再次聆聽音檔，並在每個句子中文朗讀結束後、英語朗讀開始前的地方暫停，試著練習用英文把句子說出來。

1 那台攝影機就像塊橡皮擦一樣小。（➡P204）

That camera is ___ s___ ___ an eraser.

2 我沒有你這麼苗條。（➡P204）

I'm n___ ___ slim ___ y___ .

3 他的車比我的大。（➡P206）

His car is b___ t___ mine.

4 我星期一的時候比星期五的時候忙。（➡P206）

I___ b___ on Monday t___ on Friday.

5 你有比這個小的箱子嗎？（➡P206）

Do you h a s b t this?

6 今年冬天比去年冬天溫暖。（➡P206）

This winter is w t last winter.

7 哪一個問題最困難？（➡P208）

Which question was the m d ?

8 這是史上最好的電影之一。（➡P210）

This is o t b m of all time.

Challenge

各位可藉由此練習測試自己是否真正學會先前所學的內容。對完答案後，請再次聆聽音檔，並在每個句子中文朗讀結束後、英語朗讀開始前的地方暫停，試著練習用英文把句子說出來。

1 這輛中古車比我的新車還貴。（➡P206）

2 今年春天會比去年春天溫暖。（➡P206）

3 我想成為世界上最有錢的人。（➡P208）

答案在➡P254

表示「與事實相反」的假設語氣基本用法

TRACK_92

快記！ 假設語氣過去式是表示「預估發生的機率很低」

假設語氣過去式的重點

雖然有人稱假設語氣為「無用知識的代名詞」，但事實上，在日常生活的對話中，假設語氣是十分常用的文法。

首先我們先試著比較看看使用及不使用假設語氣的句子有什麼差別。

看圖學文法

(a) 不使用假設語氣的句子（＝使用 if 的一般句子）

If you **come** to the party tomorrow,
（come：現在式）

I **will introduce** you to everyone.
（will introduce：未來式）

（如果你明天來參加派對，我會把你介紹給每個人。）

可能會來也可能不會來

(b) 使用假設語氣的句子

If you **came** to the party tomorrow,
（came：come 的過去式）

I **would introduce** you to everyone.
（would：will 的過去式）

（如果你明天來參加派對的話，我就把你介紹給每一個人。）

大概不會來（不可能來）

(a) 使用的是 if 的一般句子，在語感上給人「你可能會來，也可能不會來（可能性為一半一半）」的感覺。而以假設語氣表達的 (b) 則是「你大概不會來〔不可能來〕，但如果你來了的話，我就…」的語感，是一種**預估事情發生的機率很低，語氣上較為客氣**的說法。像例句一樣**將原本應該要用現在式表達的部分改以過去式表達**，就是與事實相反的假設語氣（亦稱為**假設語氣過去式**）。而此用法有兩大重點，請各位先把這兩項重點記起來。

（1）假設語氣過去式是一種預估事情發生機率很低的說法。
（2）若使用假設語氣過去式，是語氣上較為客氣且有禮的說法。

我們將假設語氣的用法彙整成一張簡單的表格。即使不清楚詳細內容也沒關係，只要先大致瀏覽一下即可。請在之後學到相關的內容時，再視情況回頭確認表格的內容。

☑確認 **假設語氣的基本句型**

假設語氣	形態	語意	重點
過去式	If S_1+V_1 [過去式]…, S_2+V_2〔would＋原形動詞〕（➡ P216）	如果 S_1 做 V_1 的話，S_2 就會做 V_2	・對於接下來即將發生的事，態度有所保留 ・較客氣的說法
	I wish＋假設語氣過去式（➡ P224）	如果～就好了	・未使用 if 的假設語氣 ・與現實相反的願望
過去完成式	If S_1+V_1 [過去完成式] …, S_2+V_2 [would＋have＋過去分詞]（➡ P218）	要是 S_1 做了 V_1，S_2 就做 V_2 了	・與過去事實相反的假設 ・表示願望
	Should＋have＋過去分詞（➡ P220）	應該要先／早點～	・未使用 if 的假設語氣 ・對過去發生的事實表達願望或遺憾的心情
	Could＋have＋過去分詞（➡ P220）	本來可以～	

在正式開始介紹假設語氣的句型前，我們再看一次本節提到的句型。

從例句學文法

● **If he practiced hard, he would become a good player.**
└說話者認為他努力練習的可能性很低
他如果努力練習的話，就會成為一個優秀的選手。

假設語氣以過去式表示「心態有所保留」

TRACK_93

快記！ 〈would＋原形動詞〉是假設語氣過去式的用法

假設語氣過去式所代表的心態

本節將具體介紹假設語氣過去式的用法。基本形態如下所示。

看圖學文法

If S_1＋V_1〔 過去式 〕…, S_2＋V_2〔 would＋原形動詞 〕….

＝如果 S_1 做 V_1 的話，S_2 就會做 V_2。

win 的過去式　　will 的過去式＋原形動詞

If I won a lottery, I would buy a house.

└相較於現在式，以此形態表達時，代表說話者認為實現的機率很低

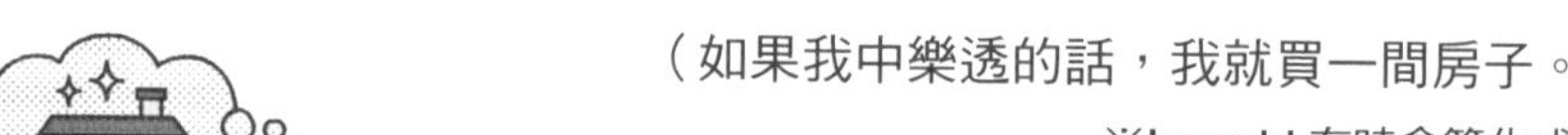

（如果我中樂透的話，我就買一間房子。）

※I would 有時會簡化成 I'd

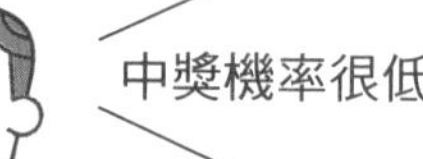

相較於 If I win a lottery（現在式）的說法，上面的例句是屬於**當說話者認為發生機率很低時，所使用的說法**，帶有「應該是不會中啦！但如果真的中獎的話…」的語感。另外，＜would＋原形動詞＞的部分，有時會以 could 或 might 代替 would。

那麼我們接著來看看假設語氣過去式要如何應用在日常對話當中。請特別注意下面的例句中以過去式表達的部分，都是**語氣上較為客氣**的說法。

另外還有要注意的是，以下的例句都非學校所教授的「與現在事實相反」的用法，而是用來表達**對於即將發生的事態度有所保留**的用法。

從例句學文法

- **Would you mind if I sat here?**

  └預估「發生機率很低」＝語氣較為保留

  請問你介意我坐這裡嗎？

  ※帶有「我坐在這裡的可能性很低，但如果我真的坐在這裡，會讓你覺得不舒服嗎」的語感

- **Would it be all right if we took some pictures?**

  └也可以用 Could 代替 Would

  請問我們可以拍些照片嗎？

  ※是比 Can we take same pictures? 更客氣的說法。意思是在詢問對方「我們拍照的機率很低，但若真的要拍照，你沒關係嗎？」。

- **I would appreciate it if you could reply as soon as possible.**

  └原形動詞

  如果你能盡快回覆，我將不勝感激。

  ※客氣地向對方提出要求時的說法。appreciate 是「感激」的意思。有時在 if 之後會以 would 代替 could。

另外，也常不用 if，而是用 would 或 could 表示假設的語感。

從例句學文法

- **It would be difficult to carry out your idea.**

  └語氣較為客氣保留

  要實現你的想法會比較困難。

  ※語感上較為保留的假設語氣，意思是「就算真的這麼做了也…」，聽起來比 It is difficult... 更客氣有禮。

以過去完成式表示「與過去事實相反」的假設

TRACK_94

快記！ 〈would＋have＋過去分詞〉是假設語氣過去完成式的用法

假設語氣過去完成式所表示的是期望

所謂的**假設語氣過去完成式**，就是**使用** 114 頁所提到的**過去完成式〈had＋過去分詞〉的假設語氣**。基本形態如下所示。

看圖學文法

基本形態

If S_1＋V_1〔had＋過去分詞〕…, S_2＋V_2〔would＋have＋過去分詞〕….

＝要是 S_1 做了 V_1，S_2 就做 V_2 了。

had＋過去分詞

If he had hit a home run,

└與過去事實相反的假設

the team could have won the game.

could＋have＋過去分詞

（要是他打了全壘打，他們球隊就贏了。）

與假設語氣過去式不同，假設語氣過去完成式並不是表示「客氣的態度」的意思，而是藉由**提出與過去發生的事實相反的假設，來表達自己心中的期望**。另外，基本形態中的 would 也可以改以 could 或 might 代替。

像這樣形態的句子，句子一定都很長。幾乎可說是本書中最困難的句型，所以各位不妨這麼告訴自己「只要學得會這個句型，其他的句型都不算什麼」。

我們再來看看其他的例句。

從例句學文法

- **If the train hadn't been delayed, I could have arrived earlier.**
  └〈hadn't＋過去分詞〉＋〈be delayed（誤點）〉
  要是火車沒有誤點，我就會更早到了。

- **If the driver had been more careful, the accident might not have happened.**
  └might＋have＋過去分詞（可能就～）的否定
  要是司機更小心一點，事故可能就不會發生了。

- **If we'd booked earlier, we could have gotten a better seat.**
  └We had 的縮寫
  要是我們更早訂票，我們就可以拿到更好的座位了。

- **If you hadn't let me know, I might have gotten into serious trouble.**
  └現實中有告知說話者
  要是你沒讓我知道，我可能就遇上大麻煩了。

是否稍稍能理解假設語氣是什麼感覺了呢？我們再介紹一些相關用法。

進階解說

試著不用假設語氣來表達

若以假設語氣過去完成式表達，就很難縮減句子的長度，當然也不容易應用在日常對話中。這時可以試著想想看是否能夠改以其他的說法表達。

- If the train hadn't been delayed, I could have arrived earlier.
  （要是火車沒有誤點，我就會更早到了。）
  → I was late because the train was delayed.
  （我遲到是因為火車誤點。）

可以像這樣改以過去式表達。

助動詞＋have＋過去分詞用來表示「對過去事實的想法」

TRACK_95

快記！ 助動詞之後加上 have＋過去分詞

〈助動詞＋have＋過去分詞〉是表示說話者的心情

有一種用法是以助動詞搭配完成式的方式，來**表示對於過去發生的事所產生的期望或後悔的心情**。而這類表達方式有下列兩種。

看圖學文法

基本形態

should＋have＋過去分詞＝應該要先／早點～的
could＋have＋過去分詞＝本來可以～的

(a) You should **see** a doctor.

（你應該去看醫生。）

（➡P62）

see（現在式）改成 have＋過去式

(b) You should **have seen** a doctor earlier.

表示過去沒實現的事

（你應該要早點去看醫生的。）

原本應該要去看醫生
➡ 但實際上並沒有這麼做

(a) 的句子是現在這個時間點勸告對方的內容。而 (b) 句則是表示「怎麼不早一點去看醫生呢」的意思，由於是在已知結果的狀態下說這句話，因此**帶有責備對方的語氣**。**如果主詞是 I**，則會變成「我如果能夠早點去看醫生就沒事了」，**是表示後悔的語氣**。

那麼，我們再來看看其他的例句。

從例句學文法

- **I should have recorded the program on DVD.**
  └對沒有錄影的事表達後悔之意
  我應該先把節目錄成 DVD 的。

- **We should have reserved a table at the restaurant.**
  └對沒有訂位的事表達後悔之意
  我們應該事先向餐廳訂位的。

- **I could have left home earlier, but I overslept.**
  └對於沒有早點出門表達遺憾的心情
  我本來可以早點出門的，但我睡過頭了。

- **We could have walked there, but we took a taxi.**
  └對於沒有用走的表達遺憾的心情
  我們本來可以走到那裡的，但我們搭了計程車。

進階解說

<might＋have＋過去分詞>的句型

<might＋have＋過去分詞>的句型是表示「可能就已經～、可能就～（但實際上並沒有發生而感到遺憾）」的意思。

- **I might have passed the exam.**
  （我可能就已經通過測驗了。〔但實際上並沒有通過〕）

這個句子含有「我如果再用功一些（If I had studied harder）」或是「我如果沒有遲到（If I hadn't arrived late）」等「如果那時～的話」這種假設語氣的說法。這個句型可以想成是把 if 開頭的子句，從假設語氣過去完成式的句子省略。下面的例句也是一樣的句型。

- **They might have been able to reach the summit.**
  （〔如果天氣好的話〕他們可能就能登上山頂了。）

運用假設語氣的各種慣用句型

TRACK_96

快記！ 假設語氣是客氣有禮的表達方式

以假設語氣為基礎而延伸出的客氣說法

有各種以假設語氣為基礎而衍生出來的慣用句型，217 頁的 Would you mind if~ ?（請問你介意～嗎？）即為一例。下面的句型原本也是假設語氣過去式，不妨把這個句型當成固定用法或是慣用句型記起來。另外，如果是疑問句，說話時句尾的音調要提高。

看圖學文法

基本形態

Could [Would] you~ ?＝可以請你～嗎？

- **Could you call a taxi for me?**
  └表示請託的用法
  可以請你幫我叫計程車嗎？

- **Would you pass me the salt, please?**
  └原形動詞
  可以請你把鹽遞給我嗎？

例如上面的句子如果是以 Call me a taxi, please. 表達，就會變成命令的語氣。並不是只要加上 please 就代表有禮貌，所以還是要多瞭解一些更有禮貌的說法。

接著我們再看看如何以有禮貌的方式表達「我想要～」、「我要做～」等期望。

看圖學文法

基本形態

I'd like~＝我想要～、請給我～
I'd like to *do*＝我想要（做）～

- **I'd like another cup of coffee.**
  └名詞（片語）
  我想要再來一杯咖啡。
  ※I'd 為 I would 的縮略形式，would like 是 want（想要）較為客氣有禮的用法

- **I'd like to go to Europe.**
  └原形動詞
  我想去歐洲。
  ※would like to *do* 為 want to（想要〔做〕～）較為客氣有禮的用法

最後要介紹的是「你想要～嗎？」這個表示提議的句型，以及「你要不要～？」這個表示邀請的句型。

看圖學文法

基本形態

Would you like~?＝（請問）你想要～嗎？
Would you like to *do*?＝你要不要（做）～？

- **Would you like some tea?**
  └表示建議的句型
  （請問）你想要喝點茶嗎？

- **Would you like to join us?**
  └表示邀請的句型
  你要不要加入我們？

假設語氣常給人一種困難的感覺，不過以上的句型可經常應用在日常對話中，請務必把這個句型記起來。

以 I wish / I were 表達與事實不符的願望

TRACK_97

快記！ 與事實不符的願望要用〈I wish＋假設語氣〉

不用 if 的假設語氣

假設語氣也有不用 if 的表達方式，在日常對話中最常見的是以下的句型。

看圖學文法

基本形態

I wish＋假設語氣過去式＝但願～

be 動詞過去式

I wish today **were** Sunday.

假設語氣過去式

（但願今天是星期天。）

假設語氣過去式中的 be 動詞，不管主詞為何，**原則上一律都要用 were**。不過在日常口語中也可能會用 was 表達（以上述的句子為例，today 為單數所以用 was）。

以前有一部電影叫《飛進未來（Big）》。故事是敘述一位身材矮小的少年，在許願機前許下 I wish I were big. 的願望，結果隔天就真的變成大人的故事。

像這樣在 **I wish 之後使用過去式，敘述現實世界中不可能發生的事**。就能藉此營造出說話者與現實世界之間的距離感，而這樣的距離感出現在一般的對話中，就會使句子給人一種較有禮貌的感覺，這正是所謂的假設語氣。

我們再來看看其他的例句。

從例句學文法

- **"Can you come?" "I wish I could, but I'm busy."**

  └假設語氣過去式

  「你可以來嗎？」／「但願我可以，但我很忙。」

  ※I wish I could, but... 是將 I wish I could come 的 come 省略之後的形態，為常用來婉拒對方的慣用句型。

- **I wish I spoke Chinese.**

  └與現在事實相反的願望

  但願我會說中文。

- **I wish I had a driver's license.**

  └一般動詞的假設語氣過去式

  但願我有駕照。

- **I wish my apartment were closer to the station.**

  └be 動詞的假設語氣過去式

  我希望我住的公寓離車站近一點。

除了 want to *do*（想要～）以外，還有很多種說法可以用來表達願望。

進階解說

與過去事實相反的表達方式

I wish 之後也可以放＜had＋過去分詞＞（假設語氣過去完成式）。這時是表示「（當時）如果～的話就好了（但因實際上並非如此而感到遺憾）」的意思。

(a) I wish I had enough money to buy the car.

└假設語氣過去式

（真希望我有足夠的錢買那輛車。）

(b) I wish I had had enough money to buy the car.

└假設語氣過去完成式

（真希望我當時有足夠的錢買那輛車。）

這兩個句子都是表示現在覺得「真可惜」的心情。(a) 是表示與現在事實相反，而 (b) 則是表達與過去事實相反的情況。

實戰練習

假設語氣

TRACK_98

Basic

現在請各位運用先前學過和假設語氣有關的內容，試著將下列的句子以英語表達出來。空格中須填入的單字，都有第一個字母作為提示（若單字不足三個字母則不會有任何提示）。對完答案後，請再次聆聽音檔，並在每個句子中文朗讀結束後、英語朗讀開始前的地方暫停，試著練習用英文把句子說出來。

1 如果你拜託她，她可能會來。（➡P216）

If you a______ **her, she** m______ c______ **.**

2 你介意我抽菸嗎？（➡P216）

W______ y______ m______ **if I** s______ **?**

3 如果當時有更多的錢，我可能已經買下它了。（➡P218）

If I'd h______ m______ **money, I** c______ h______ b______ **it.**

4 他本來可以成為一位好選手的。（➡P220）

He c______ h______ b______ **a good player.**

5 可以請你幫我們照張相嗎？（➡P222）

C______ y______ t______ a picture of us?

6 你今晚想去喝酒嗎？（➡P222）

W______ y______ l______ ______ d______ tonight?

7 你想要什麼樣的咖啡？（➡P222）

How w______ y______ l______ your coffee?

8 我希望我家有一個大花園。（➡P224）

I w______ my house h______ a large garden.

Challenge

各位可藉由此練習測試自己是否真正學會先前所學的內容。對完答案後，請再次聆聽音檔，並在每個句子中文朗讀結束後、英語朗讀開始前的地方暫停，試著練習用英文把句子說出來。

1 你介意我把電視關掉嗎？（➡P216）

2 我應該早點出門的。（➡P220）

3 但願暑假能長一點。（➡P224）

答案在➡P255

專欄

世界各國之間的英文差異、男女用語差異

英文是世界共通的語言，所以也像中文一樣，會**有地區性的差異**。例如美式英文和英式英文就有以下的差別。

確認 **美式英文與英式英文的差別**

	美式英文	英式英文
單字的拼法	theater（劇場）	theatre（劇場）
	color（色彩）	colour（色彩）
單字的意思	pants（長褲）	pants（內褲）
	purse（手提包）	purse（女用的錢包）
單字或片語的用法	fall（秋天）	autumn（秋天）
	apartment（公寓）	flat（公寓）
	on the train（在電車上）	in the train（在電車上）
	take a walk（散步）	have a walk（散步）
	first floor（一樓）	ground floor（一樓） first floor（二樓）
	cellphone（行動電話）	mobile phone（行動電話）

此外，用字有時也會因為性別不同而有所差異。例如 charming、fantastic、marvelous、pretty、wonderful 等「表達情緒」類的形容詞，都有女性較偏好使用的傾向。我們再看看其他的例子。

確認 **女性慣用說法與男性慣用說法**

語意	女性慣用說法	男性慣用說法
天氣真好。	What a lovely day!	That's a beautiful day!
謝謝你。	Thank you so much.	Thank you very much.
我很樂意。	I'd love to.	Sure.

附錄

- 數字、單位的說法
- 主要的不規則動詞變化表
- 實戰練習解答

數字、單位的說法

本節彙整了數字的說法以及各種與單位有關的說法。與單位有關的說法，除了基數與序數，還有時間、月份、星期、金額、重量、長度等。

數字的說法①基數

以「～個」表示事物的個數時所使用的說法

1	one	12	twelve	40	forty
2	two	13	thirteen	50	fifty
3	three	14	fourteen	60	sixty
4	four	15	fifteen	70	seventy
5	five	16	sixteen	80	eighty
6	six	17	seventeen	90	ninety
7	seven	18	eighteen	100	one hundred
8	eight	19	nineteen	1,000	one thousand
9	nine	20	twenty	10,000	ten thousand
10	ten	21	twenty one	100 萬	one million
11	eleven	30	thirty	10 億	one billion

數字的說法②序數

以「第～」表示事物的順序時所使用的說法

第一	first	第六	sixth	第十一	eleventh
第二	second	第七	seventh	第十二	twelfth
第三	third	第八	eighth	第二十	twentieth
第四	fourth	第九	ninth	第三十	thirtieth
第五	fifth	第十	tenth	第一百	one hundredth

時間

It's 9 a.m.（上午九點）

It's 7:30 p.m.（下午七點半）

It's 5:42 p.m.（下午五點四十二分）

秒	30 seconds（30 秒）
分	10 minutes（10 分鐘）
小時	8 hours（8 小時）

＊想表達「現在是～點整」時，是在時間之後加上 o'clock，如 It's 3 o'clock.（現在是三點整）。

月份

1 月	January	5 月	May	9 月	September
2 月	February	6 月	June	10 月	October
3 月	March	7 月	July	11 月	November
4 月	April	8 月	August	12 月	December

星期

星期一	Monday	星期二	Tuesday	星期三	Wednesday	星期四	Thursday
星期五	Friday	星期六	Saturday	星期日	Sunday		

金額

日圓	320 yen（320 日圓）※yen 不加 s	美元	2 dollars（2 美元）
分	50 cents（50 分）	英鎊	6 pounds（6 英鎊）

重量、長度等

重量（體重）	65 kilograms（65 公斤）	高度（身高）	175 centimeters (tall)（175 公分）
年齡	28 years old（28 歲）	長度	2 kilometers（2 公里）

附錄2 主要的不規則動詞變化表

以下的不規則動詞變化，請搭配音檔 一起出聲朗讀，
藉此將動詞變化記起來。
音檔中的朗讀順序是「原形→過去式→過去分詞」。

TRACK_99

意義	原形	過去式	過去分詞
成為～	become	became	become
開始	begin	began	begun
吹	blow	blew	blown
打破	break	broke	broken
帶來	bring	brought	brought
建造	build	built	built
買	buy	bought	bought
抓住	catch	caught	caught
選擇	choose	chose	chosen
來	come	came	come
切、剪	cut	cut	cut
做	do	did	done
喝	drink	drank	drunk
駕駛	drive	drove	driven
吃	eat	ate	eaten
掉落	fall	fell	fallen
感覺	feel	felt	felt
找、找到	find	found	found
飛	fly	flew	flown

意義	原形	過去式	過去分詞
忘記	**forget**	**forgot**	**forgotten**
得到	get	got	got
給	**give**	**gave**	**given**
去	go	went	gone
栽培，成長	**grow**	**grew**	**grown**
擁有	have	had	had
聽到	**hear**	**heard**	**heard**
打	hit	hit	hit
握，舉辦	**hold**	**held**	**held**
保持	keep	kept	kept
知道	**know**	**knew**	**known**
離開	leave	left	left
借出	**lend**	**lent**	**lent**
失去	lose	lost	lost
製作	**make**	**made**	**made**
意思是～	mean	meant	meant
會面	**meet**	**met**	**met**
支付	pay	paid	paid
放置	**put**	**put**	**put**
讀	read	read	read
騎	**ride**	**rode**	**ridden**
跑	run	ran	run
說	**say**	**said**	**said**

意義	原形	過去式	過去分詞
看見	see	saw	seen
賣	**sell**	**sold**	**sold**
發送、傳送	send	sent	sent
給～看、展示	**show**	**showed**	**shown**
唱	sing	sang	sung
坐	**sit**	**sat**	**sat**
睡覺	sleep	slept	slept
說話	**speak**	**spoke**	**spoken**
花費、度過	spend	spent	spent
站立	**stand**	**stood**	**stood**
偷	steal	stole	stolen
游泳	**swim**	**swam**	**swum**
拿	take	took	taken
教	**teach**	**taught**	**taught**
告訴	tell	told	told
想	**think**	**thought**	**thought**
丟、投	throw	threw	thrown
了解	**understand**	**understood**	**understood**
穿	wear	wore	worn
贏	**win**	**won**	**won**
寫	write	wrote	written

附錄3 實戰練習解答

紅字的部分是題目的空格中須填入的單字。對完答案後，再搭配音檔 一起將英文的句子朗讀一遍。若是僅將答案的部分從頭到尾讀過一遍，即可針對本書所學到的項目進行總復習。另外，粉紅色底線的部分若以其他的單字代替，即可造出相同句型的另一個句子。

動詞

題目➡P30

TRACK_06

Basic

1	這家飯店很大。	This hotel is big.
2	她跟我都是那個搖滾樂團的歌迷。	She and I are fans of that rock band.
3	我不是個好廚師（我不擅長做飯）。	I'm not a good cook.
4	他們是你的同事嗎？	Are they your colleagues?
5	我每天打電動。	I play video games every day.
6	你喝葡萄酒嗎？	Do you drink wine?
7	他英語說得很好。	He speaks English well.
8	我姐姐沒有駕照。	My sister doesn't have a driver's license.

Challenge

※答案為參考答案

1	這些蔬菜新鮮嗎？	Are these vegetables fresh?
2	我父親有兩輛車。	My father has two cars.
3	你父親打高爾夫球嗎？	Does your father play golf?

過去式

題目➡P44

TRACK_13

Basic

1	我上週住院了。	I was in the hospital last week.
2	她跟我曾是好朋友。	She and I were good friends.
3	我們當時沒有很餓。	We weren't very hungry then.
4	你昨天在家嗎？	Were you at home yesterday?
5	我今天下午在這個公園裡散步。	I walked in the park this afternoon.
6	你們的公車準時到站了嗎？	Did your bus arrive on time?
7	那部電影我看了三遍。	I saw that movie three times.
8	我們今天沒去購物。	We didn't go shopping today.

Challenge

※答案為參考答案

1	你的手機沒有在廚房的桌上。	Your cellphone wasn't on the kitchen table.
2	我們上週去山上露營。	We went camping in the mountains last week.
3	你當時有帶護照嗎？	Did you have your passport then?

There is~

題目➡P50

TRACK_16

Basic

1	那座山丘上有間小旅館。	There is a small hotel on that hill.
2	停車場中有四輛車。	There are four cars in the parking lot.
3	咖啡館前有一位女子。	There is a woman in front of the café.
4	這座城市裡有兩所高中。	There are two high schools in this city.
5	這附近沒有任何加油站。	There aren't any gas stations near here.
6	這附近有郵筒嗎？	Is there a mailbox around here?
7	冰箱下方曾有一支鑰匙。	There was a key under the refrigerator.
8	公車上沒有空位了。	There weren't any empty seats on the bus.

Challenge

※答案為參考答案

1	車站附近有一家不錯的中餐廳。	There is a good Chinese restaurant near the station.
2	那本書中有很多圖片嗎？	Are there many pictures in that book?
3	等候室中有很多人嗎？	Were there many people in the waiting room?

疑問詞

題目➡P56

TRACK_18

Basic

1	你的新老闆是誰？	Who is your new boss?
2	這隻狗的名字是什麼？	What's this dog's name?
3	你午餐吃了什麼？	What did you have for lunch?
4	你的婚禮是什麼時候？	When is your wedding?
5	你的父母來自哪裡（是哪裡人）？	Where are your parents from?
6	你昨天為什麼提早下班？	Why did you leave work early yesterday?
7	你是怎麼來到這裡的？	How did you get here?
8	你借的是誰的車？	Whose car did you borrow?

Challenge

※答案為參考答案

1	那個戒指你是在哪裡買的？	Where did you buy that ring?
2	你是如何將門鎖打開的？	How did you unlock the door?
3	你在京都住的是哪一間飯店？	Which hotel did you stay at in Kyoto?

助動詞

題目➡P68

TRACK_24

Basic

1	我會唱這首歌。	I can sing this song.
2	我無法相信那個說法。	I can't believe that story.
3	你能看到那座塔嗎？	Can you see that tower?
4	我怎麼樣才能到達車站？	How can I get to the station?
5	我們應該現在就開始。	We should start right now.
6	我該幫你泡杯咖啡嗎？	Should I make you some coffee?
7	我今天必須要加班。	I have to work overtime today.
8	那兩個女孩可能是姊妹。	Those two girls may be sisters.

Challenge

※答案為參考答案

1	我晚餐後應該要洗碗嗎？	Should I wash the dishes after dinner?
2	我們必須跑到車站。	We had to run to the station.
3	我可以借廁所嗎？	May I use the bathroom?

進行式

題目➡P78

TRACK_29

Basic

1	我們正在計劃一趟國外旅行。	We are planning a trip overseas.
2	我沒有在說他的壞話。	I'm not saying bad things about him.
3	電扶梯現在沒有在運轉。	The escalator isn't working now.
4	你在製作什麼嗎？	Are you making something?
5	孩子們正在哪裡玩？	Where are the kids playing?
6	我當時正在吃午餐。	I was having lunch then.
7	她當時沒戴眼鏡。	She wasn't wearing glasses then.
8	你（當時）在和誰講電話？	Who were you talking to on the phone?

Challenge

※答案為參考答案

1	有人正在使用這台電腦嗎？	Is anyone using this computer?
2	沒有人在聽講師說話。	Nobody was listening to the instructor.
3	你昨晚十點在做什麼？	What were you doing at ten last night?

未來式

題目➡P90

TRACK_35

1	我稍後會寄電子郵件給你。	I'll email you later.
2	他會找到一份好工作。	He will find a good job.
3	我不會把我的車借給任何人。	I won't lend my car to anybody.
4	我不打算出國留學。	I'm not going to study abroad.
5	我們打算今年夏天去夏威夷。	We are going to Hawaii this summer.
6	我明天要和她一起吃晚餐。	I'm having dinner with her tomorrow.
7	會議什麼時候開始？	When does the meeting start?
8	你打算什麼時候搬家？	When are you going to move?

Challenge ※答案為參考答案

1	我會和我上司談談那件事。	I'll talk with my boss about the matter.
2	我明天將有一場求職面試。	I'm going to have a job interview tomorrow.
3	她生日你打算送她什麼？	What are you going to give her for her birthday?

被動態

題目➡P100

TRACK_40

Basic

1	床單每天更換。	The sheets are changed every day.
2	這些應用程式很多人用。	These apps are used by many people.
3	這間廚房總是維持得很乾淨。	The kitchen is always kept clean.
4	這些產品並未在日本販售。	These products aren't sold in Japan.
5	我對這個消息感到驚訝。	I was surprised at the news.
6	不幸地，我的名字沒被叫到。	Unfortunately, my name wasn't called.
7	這張照片是什麼時候照的？	When was this picture taken?
8	這間教堂是什麼時候建造的？	When was this church built?

Challenge

※答案為參考答案

1	這台舊電腦現在沒在用。	This old computer isn't used now.
2	你的腳踏車是在哪裡被偷的？	Where was your bicycle stolen from?
3	今天的比賽延期了嗎？	Was today's game postponed?

完成式

題目➡P116

TRACK_47

Basic

1	我已忘記自己的密碼了。	I have forgotten my password.
2	你一點都沒變。	You haven't changed a bit.
3	你已經確認過數據資料了嗎？	Have you checked the data?
4	我已在這個鎮上住了十年了。	I have lived in this town for ten years.
5	她從星期一以來就一直很忙。	She has been busy since Monday.
6	我之前曾聽過這首歌。	I've heard this song before.
7	我從未去過新加坡。	I've never been to Singapore.
8	你已經打過電話給她了嗎？	Have you called her yet?

Challenge

※答案為參考答案

1	我從今天早上就一直覺得不舒服。	I've been feeling sick since this morning.
2	你曾玩過這個遊戲嗎？	Have you ever played this game?
3	你曾去過這間博物館嗎？	Have you ever been to the museum?

動詞的種類

題目➡P122

TRACK_50

Basic

1	我們步行至車站。	We walked to the station.
2	我今年夏天跟我叔叔一起住。	I stayed with my uncle this summer.
3	這顆橘子嚐起來很酸。	This tangerine tastes sour.
4	這碗湯聞起來很好喝。	This soup smells tasty.
5	讓我們向她保守這個祕密。	Let's keep this secret from her.
6	可以請你出示你的身分證嗎？	Could you show me your ID card, please?
7	他把他的手機借給我了。	He lent me his cellphone.
8	這本書讓它的作者聲名大噪。	This book has made its writer famous.

Challenge

※答案為參考答案

1	為什麼他看起來這麼睏？	Why does he look so sleepy?
2	可以請你告訴我郵局要怎麼走嗎？	Could you tell me the way to the post office?
3	不要讓窗戶開著不關。	Don't leave the windows open.

題目➡P132

TRACK_54

Basic

1	這僅有你我知情。	This is just between you and me.
2	他生日你送了他什麼？	What did you give to him for his birthday?
3	我的看法和你的不同。	My opinion is different from yours.
4	你的手錶現在是幾點？	What time is it by your watch?
5	今晚似乎會下雪。	It's going to snow tonight.
6	我星期四有空（方便）。	It's convenient for me on Thursday.
7	印度不吃牛肉。	They don't eat beef in India.
8	據說今天會很熱。	They say it will be hot today.

Challenge

※答案為參考答案

1	上週日非常冷。	It was very cold last Sunday.
2	從這裡到車站有多遠？	How far is it from here to the station?
3	今年夏天將會很熱。	It will be very hot this summer.

名詞

題目➡P136

TRACK_56

Basic

1	體育場有很多人。	There were many people in the stadium.
2	公車上所有的乘客都是男性。	All the passengers on the bus were men.
3	一些男孩正在踢足球。	Some boys are playing soccer.
4	那兩位男士是兄弟嗎？	Are those two men brothers?
5	孩子們正在外面玩耍。	The children are playing outside.
6	女人喜歡蛋糕。	Women like cake.
7	我想要一杯熱茶。	I'd like a cup of hot tea.
8	讓我們休息一下喝杯咖啡。	Let's take a coffee break.

Challenge

※答案為參考答案

1	他有兩個兒子和一個女兒。	He has two sons and a daughter.
2	她已經養了三隻貓一年了。	She has had three cats for a year.
3	我喝了兩杯紅酒。	I drank two glasses of wine.

冠詞

題目➡P140

TRACK_58

Basic

1	我想要一支新的智慧型手機。	I want a new smartphone.
2	這是一個簡單的問題。	This is an easy question.
3	這張椅子的其中一支腳壞了。	A leg of the chair is broken.
4	那位男子是一名卡車司機。	The man was a truck driver.
5	這張長凳下有一隻大貓。	There is a big cat under the bench.
6	我們在那間咖啡廳待了一個小時。	We spent an hour at the café.
7	我可以把電視打開嗎？	Can I turn on the television?
8	其中一位球員受傷了。	One of the players got injured.

Challenge

※答案為參考答案

1	我為那朵花拍了張照片。	I took a picture of the flower.
2	我記不得這部電影的名字。	I can't remember the title of this movie.
3	我要去車站前的那家書店。	I'm going to the bookstore in front of the station.

不定詞

題目➡P158

TRACK_66

Basic

1	我想和她去約會。	I want to go out with her.
2	我們去了動物園看熊貓。	We went to the zoo to see the pandas.
3	很遺憾聽到那個消息。	I'm sorry to hear that.
4	我想要一個在海外工作的機會。	I want a chance to work overseas.
5	我不知道該買什麼給她。	I don't know what to buy her.
6	醫生告訴我要減重。	The doctor told me to lose weight.
7	讓我介紹一下我自己。	Let me introduce myself.
8	你可以幫我洗盤子嗎？	Can you help me wash the dishes?

Challenge

※答案為參考答案

1	學習如何玩這個遊戲很容易。	It's easy to learn how to play this game.
2	我今天無事可做。	I have nothing to do today.
3	我沒有時間打掃我的房間。	I don't have time to clean my room.

動名詞

題目➡P164

TRACK_69

Basic

1	聆聽爵士樂很有趣。	Listening to jazz is fun.
2	我的嗜好是寫詩。	My hobby is writing poems.
3	讓我們趁開始下雨之前回家吧。	Let's go home before it starts raining.
4	我才剛把報告寫完。	I've just finished writing the report.
5	雪在中午之前就停了。	It stopped snowing before noon.
6	別害怕犯錯。	Don't be afraid of making mistakes.
7	我不擅長烤蛋糕。	I'm not good at baking cakes.
8	他外出沒告訴任何人。	He went out without telling anyone.

Challenge

※答案為參考答案

1	你喜歡照顧小孩嗎？	Do you like taking care of children?
2	我們很享受在海中游泳。	We enjoyed swimming in the sea.
3	你有興趣學會計嗎？	Are you interested in studying accounting?

分詞

題目➡P172

TRACK_73

Basic

1	那個正在看電視的男孩是誰？	Who is that boy watching TV?
2	正在發表演說的男性是我上司。	The man making a speech is my boss.
3	我正在找公車站。	I'm looking for a bus stop.
4	這是一本十年前寫的小說。	This is a novel written ten years ago.
5	這是一把德國製的刀。	This is a knife made in Germany.
6	停在大門附近的那輛車擋住了路。	That car parked near the gate is in the way.
7	她在接待區和客戶談話。	She is in the reception area, talking to a client.
8	我昨天花了時間在海上釣魚。	Yesterday I spent time fishing in the sea.

Challenge

※答案為參考答案

1	部分在這裡工作的人來自中國。	Some people working here are from China.
2	我們住在一間七十年前建造的房子。	We live in a house built seventy years ago.
3	我上週日待在家幫媽媽的忙。	Last Sunday I was at home, helping my mother.

關係詞

題目➡P186

TRACK_80

Basic

1	我想要一個年紀比我大的男朋友。	I want a boyfriend who is older than me.
2	我養了一隻有著長尾巴的狗。	I have a dog that has a long tail.
3	這是一篇我的兒子寫的作文。	This is an essay my son wrote.
4	我有一位公司營運順利的朋友。	I have a friend whose company is going well.
5	我出生於我父親過世的那一年。	I was born the year when my father died.
6	那就是為什麼我搬到這裡來。	That's why I moved here.
7	他說的話是真的。	What he said is true.
8	這不是我點的東西。	This isn't what I ordered.

Challenge

※答案為參考答案

1	遭遇事故的女人是我的伯母。	The woman who had the accident was my aunt.
2	我昨天看的電影真是刺激。	The movie I saw yesterday was really exciting.
3	這是我出生的醫院。	This is the hospital where I was born.

連接詞

題目➡P194

TRACK_84

Basic

1	她是你的妹妹還是姊姊？	Is she your younger sister or older sister?
2	我去了大阪並在那裡待了一週。	I went to Osaka and stayed there for a week.
3	我試了三次但都失敗了。	I tried three times but failed.
4	如果吵醒了你，我很抱歉。	I'm sorry if I woke you up.
5	我因為感冒了而沒有外出。	I didn't go out because I had a cold.
6	我認為他的生活方式很酷。	I think that his lifestyle is cool.
7	我聽說她是一位醫生。	I heard that she is a doctor.
8	我不確定這篇文章是否屬實。	I'm not sure if this article is true.

Challenge

※答案為參考答案

1	我小時候很喜歡冰淇淋。	I liked ice cream when I was a child.
2	電話鈴響時，我正在洗澡。	When the telephone rang, I was taking a shower.
3	我很好奇我們的公車是否會準時到站。	I wonder if our bus will come on time.

介系詞

題目➡P198

TRACK_86

Basic

1	這個籃子裡的水果很新鮮。	The fruit in this basket is fresh.
2	牆上的那幅畫很美。	The picture on the wall is beautiful.
3	我們等下一班公車吧。	Let's wait for the next bus.
4	她們看起來像雙胞胎。	They look like twins.
5	我的父母來自東京。	My parents are from Tokyo.
6	我隸屬於業務部門。	I am in the sales department.
7	我們六點前就到飯店了。	We got to the hotel before six.
8	我早上十一點起床。	I got up at eleven in the morning.

Challenge

※答案為參考答案

1	我（那時）在找一家在車站附近的銀行。	I looked for a bank near the station.
2	日本大部分的年輕人都有智慧型手機。	Most young people in Japan have smartphones.
3	你應該想想自己的未來。	You should think about your future.

比較句型

題目➡P212

TRACK_91

Basic

1	那台攝影機就像塊橡皮擦一樣小。	That camera is as small as an eraser.
2	我沒有你這麼苗條。	I'm not as slim as you.
3	他的車比我的大。	His car is bigger than mine.
4	我星期一的時候比星期五的時候忙。	I'm busier on Monday than on Friday.
5	你有比這個小的箱子嗎？	Do you have a smaller box than this?
6	今年冬天比去年冬天溫暖。	This winter is warmer than last winter.
7	哪一個問題最困難？	Which question was the most difficult?
8	這是史上最好的電影之一。	This is one of the best movies of all time.

Challenge

※答案為參考答案

1	這輛中古車比我的新車還貴。	This used car is more expensive than my new car.
2	今年春天會比去年春天溫暖。	This spring will be warmer than last spring.
3	我想成為世界上最有錢的人。	I want to be the richest person in the world.

假設語氣

題目➡P226

TRACK_98

Basic

1	如果你拜託她，她可能會來。	If you asked her, she might come.
2	你介意我抽菸嗎？	Would you mind if I smoked?
3	如果當時有更多的錢，我可能已經買下它了。	If I'd had more money, I could have bought it.
4	他本來可以成為一位好選手的。	He could have become a good player.
5	可以請你幫我們照張相嗎？	Could you take a picture of us?
6	你今晚想去喝酒嗎？	Would you like to drink tonight?
7	你想要什麼樣的咖啡？	How would you like your coffee?
8	我希望我家有一個大花園。	I wish my house had a large garden.

Challenge

※答案為參考答案

1	你介意我把電視關掉嗎？	Would you mind if I turned off the TV?
2	我應該早點出門的。	I should have left home earlier.
3	但願暑假能長一點。	I wish the summer vacation were longer.

台灣廣廈國際出版集團
Taiwan Mansion International Group

國家圖書館出版品預行編目（CIP）資料

一本就通 國高中英文/安河內哲也著；劉芳英譯. -- 初版. -- 新北市：國際學村出版社, 2022.06
面；　公分
ISBN 978-986-454-220-8（平裝）

1.CST：英語教學 2.CST：語法 3.CST：中等教育

524.38　　111005754

國際學村

一本就通 國高中英文

〔圖解＋拆解〕六年文法總整理！精選會考又用得到的英文文法，破除學習盲點，一次用對不再錯！

作　　者／安河內哲也
翻　　譯／劉芳英
插　　畫／河南好美、日江井 香
設　　計／ELENA Lab. 株式會社
音源製作／爽美錄音株式會社
英語配音／Bianca Allen（ビアンカ・アレン）
執筆協力／佐藤誠司
英文校正／Jonathan Nacht（ジョナサン・ナクト）
編輯協力／Media Beacon, Inc.（株式会社メディアビーコン）

編輯中心編輯長／伍峻宏
編輯／徐淳輔
中文配音／楊詩穎
封面設計／張家綺
內頁排版／菩薩蠻數位文化有限公司
製版・印刷・裝訂／東豪・弼聖・明和

行企研發中心總監／陳冠蒨
媒體公關組／陳柔彣
綜合業務組／何欣穎
線上學習中心總監／陳冠蒨
數位營運組／顏佑婷
企製開發組／江季珊、張哲剛

發 行 人／江媛珍
法 律 顧 問／第一國際法律事務所 余淑杏律師・北辰著作權事務所 蕭雄淋律師
出　　版／國際學村
發　　行／台灣廣廈有聲圖書有限公司
地址：新北市235中和區中山路二段359巷7號2樓
電話：（886）2-2225-5777・傳真：（886）2-2225-8052
讀者服務信箱／cs@booknews.com.tw

代理印務・全球總經銷／知遠文化事業有限公司
地址：新北市222深坑區北深路三段155巷25號5樓
電話：（886）2-2664-8800・傳真：（886）2-2664-8801
郵 政 劃 撥／劃撥帳號：18836722
劃撥戶名：知遠文化事業有限公司（※單次購書金額未達1000元，請另付70元郵資。）

■出版日期：2022年6月
2024年9月7刷
ISBN：978-986-454-220-8